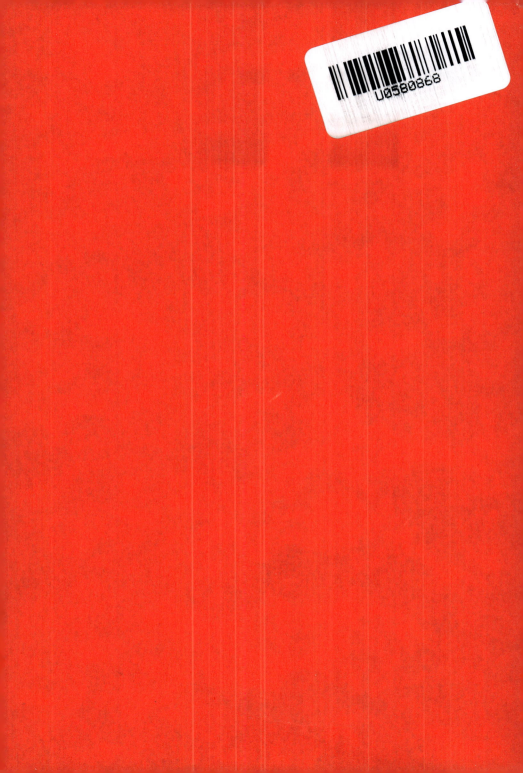

智人之路

基因新证重写六十万年人类史

【德】约翰内斯·克劳泽
【德】托马斯·特拉佩 ——著

王坤 —— 译

DIE
REISE
UNSERER
GENE

EINE
GESCHICHTE
ÜBER
UNS

UND
UNSERE
VORFAHREN

译 歌德学院（中国）
翻译资助计划

中国出版集团
现代出版社

版权登记号：01-2021-1317

图书在版编目（CIP）数据

智人之路 / (德) 约翰内斯·克劳泽, (德) 托马斯
·特拉佩著；王坤译. -- 北京：现代出版社，2021.3（2021.5重印）
ISBN 978-7-5143-9071-1

Ⅰ.①智… Ⅱ.①约… ②托… ③王… Ⅲ.①移民—
历史—研究-欧洲-古代 Ⅳ.①D750.38

中国版本图书馆CIP数据核字（2021）第040898号

Title of original German edition：Die Reise unserer Gene: Eine Geschichte über uns
und unsere Vorfahren by Johannes Krause and Thomas Trappe
Copyright © by Ullstein Buchverlage GmbH, Berlin. Published in 2019 by Propyläen Verlag
The translation of this work was financed by the Goethe-Institut China
本书获得歌德学院（中国）全额翻译资助

智人之路：基因新证重写六十万年人类史

著　　者　　[德]约翰内斯·克劳泽　[德]托马斯·特拉佩
译　　者　　王　坤
责任编辑　　姜　军
出版发行　　现代出版社
地　　址　　北京市安定门外安华里504号
邮政编码　　100011
电　　话　　(010) 64267325
传　　真　　(010) 64245264
网　　址　　www.1980xd.com
电子邮箱　　xiandai@vip.sina.com
印　　刷　　鑫艺佳利（天津）印刷有限公司
开　　本　　880 mm × 1230 mm　1/32
印　　张　　8.5
字　　数　　143千字
版　　次　　2021年4月第1版　2021年5月第2次印刷
书　　号　　ISBN 978-7-5143-9071-1
定　　价　　49.80元

中文版序言

　　大瘟疫过后，或许一切都变了。这种当时还不为人知的疾病如风暴一般席卷了整个亚欧大陆。毫不起眼的病原体夺走了大部分欧洲农民的生命，没过多久，他们就被来自东方的移民取代了。这些东方移民不仅促使欧洲人的基因结构发生彻底改变，也带来了从石器时代到青铜器时代的技术飞跃。4800年前，瘟疫第一次肆虐亚欧大陆，并在随后的几千年里一再造成巨大灾难。这种病原体发源于中亚的大草原地区，千百年来疯狂地向四周扩散，导致上百万人染病而亡。最重要的是，反复发生的瘟疫使得社会制度陷入瘫痪，影响了历史进程。倘若6世纪的查士丁尼大瘟疫没有导致几百万人死亡，东罗马和西罗马帝国的命运或许就是另一番景象。还有中世纪那场黑死病，它从中亚远道而来，经由克里米亚半岛，侵入地中海沿岸的港口城市，然后以这片地区为起点，如同一场烈火将整个欧洲焚烧殆尽，成为这片大陆持续了数百年之久的噩梦。此后鼠疫疫情又多次暴发，最近一次大规模暴发是在19世纪末，其间大约有200万人丧生，大部分死者是中国人。

用了将近5000年的时间，我们才真正了解了石器时代的瘟疫。在革命性技术的帮助下，我们将远古时的骸骨研磨成粉末，从DNA（脱氧核糖核酸）中析取出这本书将要讲述的"故事"。考古遗传学这个年轻的学科分支利用医学研究方法破译古老的遗传物质，其中一些物质甚至已经存在了上万年之久。虽然才刚刚起步，但从目前取得的成果看，该研究领域的发展前景不可估量。通过一块远古时期的人类骨头，我们不仅能获知死者本人的遗传基因信息，还能弄清楚他的遗传物质是如何在欧洲传播的，以及我们的祖先于何时、从何地迁入欧洲。我们甚至可以从几百上千年的牙齿上干掉的血迹里过滤出致人死亡的细菌。得益于这种考古遗传学研究方法，欧洲的历史，以及欧洲的疾病史才能用崭新的方式来讲述。显然，过去、现在，甚至未来若干年里，世界必须面对的两大核心主题一直是人类历史永恒的旋律：毁灭性瘟疫和持续的移民浪潮。

本书于2019年在德国出版时，德国国内的社会政治讨论仍受制于2015年的欧洲难民危机。因此，彼时读者和媒体主要关注从考古遗传学的角度分析世界上无数次移民浪潮，以及人类祖先之间绵延不断的基因交流等话题。然而，一年后的现在，这一切看起来已然十分遥远，因为全世界此刻都在全力抗击一种来势汹汹的病毒，严重急性呼吸系统综合征冠状病毒2，即新型冠状病毒（2019-nCoV）。今天的新型冠状病毒无法与过往的致命瘟疫相提并论，可二者之间还是表现出一些相似之处：隐形的病菌总能在很短时间内让整个社会从信心满满陷入昏厥与无力。目前没人能准确预计眼下这场大瘟疫会对未来的欧洲造成什么影响，但在这本书中，我们将瘟疫曾如何影响人类的祖先呈现于读者面前。当然，如若为服务当下而从中得出某些偏激的结论，未免有些自负，因为这不是考古遗传学的任务。我们可以帮助研究人员更好地对疾病进行整理与分类，并不容置疑地指出亚欧大陆是一部跨越数千年的进步史，离不开人类迁移，特别是从亚洲向欧洲方向的迁徙。作为一块历经数次灾难性大瘟疫，最终都能变得更加强大的大陆，至少在此刻，我们无须隐瞒我们对"历史重演"的希望。

本书首先探讨塑造了欧洲的史前大规模移民浪潮，以及以欧洲为起点，最终建立起西方世界的大迁徙。在考古遗传学的研究中，东亚一直很重要，不久前我们还完全陌生的原始人种丹尼索瓦人就主要生活于此，并从这里逐渐扩散到太平洋地区。即使是起源于欧洲和北非的尼安德特人，也曾经踏入今天的中国境内，更不用说蒙古和俄罗斯边界出土的人类遗骸让我们对过去几十年的考古学有了全新的认识：从东欧来的人类在4800年前占领了亚欧大陆的大部分区域，此后他们不仅在文化上，也在语言上改变了这片大陆。

此外，本书还会论述有史以来与移民活动相伴而生的冲突和纷争。我们将解释为什么最早的欧洲人和亚洲人极有可能拥有深色皮肤，以及为什么借助基因分析技术可以确定单个人的地域来源，却无法在基因上区分民族和族群。我们研究的时间从冰河时期开始直至今日，前者是人类基因之旅的开端，后者则是我们即将能够掌控自身生命进化的时代。

没错，移民的历史也是一部死亡和疾病的历史。我们确信，本书能同时给对移民问题持开放态度的人和建议严格限制移民的人提供论据。阅读过本书后，希望不会有人否认迁徙是人类的天性。当然，我们还希望读者能有这样一种认识：自20世纪末以来，尤其对欧洲来说，历经几千年考验的全球化社会未来仍将会是发展的关键。无论如何，当下世界正在经历的时代仿佛被放置在凸透镜下，终于显现出人口流动的双刃剑效应。一方面，如果没有这种流动性，新型冠状病毒的传播速度不可能如此之快。另一方面，对人员流动的限制仅短短几月就引发了社会混乱和经济垮塌，其严重程度将反映在未来几年里世界范围内的普通人的日常生活中。中国也难免会受到波及。虽然它是全世界唯一能够迅速战胜疫情的国家，但由于其对出口的依赖，未来很长一段时间内，中国或许会持续感受到全球经济衰退带来的切肤之痛。

约翰内斯·克劳泽（Johannes Krause）和托马斯·特拉佩（Thomas Trappe）共同完成了本书的撰写。从第一章开始，克劳泽将承担第一人称的叙述角色。他是位于德国耶拿市的马克斯·普朗克人类历史科学研究所所长，考古遗传学领域的世界级著名专家之一（第二作者因为谦虚才这么写）。作为共同作者，特拉佩不仅负责将克劳泽积累的知识浓缩为紧凑的叙述，还会赋予其时代框架背景，将其放置在现实的政治讨论语境中。过去几年里，特拉佩与克劳泽一起从事新闻报道方面的工作，运致力于研究当今国家主义和民族思想。两位作者经过多次商谈，产生了撰写本书的想法，打算将科学和当今一些具有现实意义的热点话题结合在一起。

我们先快速浏览一下考古遗传学的基础知识。发现于中国西部边境阿尔泰山脉的一截指骨对克劳泽的科研道路产生了决定性影响，意外地让我们知道了一个全新的人种，并且间接证明了早期欧洲人和尼安德特人之间的亲密关系。

原版序言

欧洲从未经历过这样的事。越过巴尔干半岛涌入（欧洲）大陆中部的移民潮标志着一个真正的（这个词在这里很合适）时代转折点的到来，此后一切都不一样了。无数深受乡村文明影响的大家庭踏上这片大陆，他们的愿望就是拥有新的土地。早先定居于欧洲的原住民没有任何生存优势。他们先是过着深居简出的生活，接着见证了欧洲"旧文化"逐渐消亡。这些人长得与赶走他们的人不太像——最终的结果是"人口互换"（Bevölkerungsaustausch）。

这场影响深远的移民浪潮已经过去了8000年，然而直到最近我们才知道当时的具体情况：掌握了革命性技术后，我们将远古时期的骸骨研磨成粉末，从它们的DNA中获知了这本书将要叙述的历史。考古遗传学的新学科分支利用医学领域里的先进方法来解密这些古老遗产，其中某些遗产已有数十万年的历史。虽然该学科才刚开始沿着这一路径进行研究，但其迄今为止所获得的认识价值已经不可估量。在以前的人类骸骨中，我们不仅找到了逝者的基因轮廓，也弄清楚了他们的遗传物质如何在欧洲传播，即我们的祖先在什么时间从哪里来到欧洲。其间，8000年前安纳托利亚人的迁入只是我们这个大陆历史上众多迁徙活动之一。考古遗传学表明，具有纯粹欧罗巴血统的人并不存在，或许以前也未曾存在过。我们所有人都有移民的背景，对此，我们身上的基因已经说明了一切。

2014年证明安纳托利亚人在石器时代迁居于欧洲时，我们没有料想到这个主题不久后就会具有现实的意义。2015年的夏天，一股经由巴尔干地区到达中欧的移民浪潮重新开始了，结果是许多欧洲国家陷入动荡，而这股浪潮长期的政治影响短期之内还无法预见。那句实际上出于善意的"我们可以做到"可能已经将整个社会分裂成不可调和的对立阵营。如今，为了表达截然相反的立场，反移民人士在具有嘲讽意味的讽刺漫画中不断引用这句话。大规模的移民迁入当然是无法控制的，而且明显不是一个简单接受就行的问题。有关联合国达成全球移民协议的辩论显示了这个问题的紧迫性——德国国内的反对呼声很高，同时许多国家撤回支持，因为该协议不是限制移民，而是鼓励移民。在涉及政治的争论中，考古遗传学不应该也不愿意成为一位仲裁者，但它可以帮助你更好地了解情况。毫无疑问，我们应该将欧洲的历史视作一个跨越数千年的发展进步史，这样一部宏大的历史离不开人类的迁徙和移民。

写这本书的想法产生于2015年"难民之夏"的余波中，考古遗传学完全可以参与此后的许多社会讨论，发挥自己的作用——让这些知识封存在骸骨粉末中完全是对科学研究的一种巨大浪费。下文讲述的主题是从远古时期以来就对欧洲有着深远影响的大迁徙浪潮，以及从欧洲出发奠定整个西方世界基础的移民运动。此外，本书还会讨论有关永久的巴尔干路线以及考古学家记录下的有史以来伴随移民运动而出现的各种冲突。我们将解释为什么第一批欧洲人是深色皮肤的，以及为什么通过对基因组的分析，考古遗传学家虽然可以确认单个欧洲人的地理位置，却无法在基因上界定其民族和国家。我们研究的时间从欧洲人基因之旅发轫的冰期开始，一直延续到今天。如今，我们即将实现对人类进化的掌控。作为一本德语著作，本书不仅不回避政治上的分歧，还将首次对有关欧洲历史的考古遗传学知识进行总结。

然而，我们并不希望将这些新的知识使用在辨别黑白的争论上。毫无疑问，迁徙而来的移民从根本上塑造了欧洲，但由此产生的动荡伴随着许多苦难，如安纳托利亚农民将狩猎采集人群彻底驱逐。移民的历史也是一部死亡和疾病的历史，可以追溯至石器时代的黑死病便是一例——它在欧洲划下了一道道死亡的痕迹，为随后到来的青铜器时代开辟了道路。我们确信，本书能同时给对移民问题持开放态度的人和建议严格限制移民的人提供论据。阅读过本书后，希望不会有人否认迁徙是人类的天性。当然，我们还希望读者能有这样一种认识：自20世纪末以来，尤其对欧洲来说，历经几千年考验的全球化社会未来仍将会是发展的关键。

约翰内斯·克劳泽和托马斯·特拉佩共同完成了本书的撰写。从第一章开始，克劳泽将承担第一人称的叙述角色。他是位于德国耶拿市的马克斯·普朗克人类历史科学研究所所长，考古遗传学领域的世界级著名专家之一（第二作者因为谦虚才这么写）。作为共同作者，特拉佩不仅负责将克劳泽积累的知识浓缩为紧凑的叙述，还会赋予其时代框架背景，将其放置在现实的政治讨论语境中。过去几年里，特拉佩与克劳泽一起从事新闻报道方面的工作，还致力于研究当今国家主义和民族思想。两位作者经过多次的商谈，产生了撰写本书的想法，打算将科学和当今一些具有现实意义的热点话题结合在一起。

我们先快速浏览一下考古遗传学的基础知识。一截对克劳泽科研道路产生决定性影响的指骨意外地让我们知道了一个全新的人种，并且间接证明了早期欧洲人和尼安德特人之间的亲密关系。

目录

第一章
骸骨工作

一截来自中国西部边境阿尔泰山脉适应性的指骨让我们认识了新的原始人。

在淘金过程中，基因研究者们拥有了一台能够创造奇迹的神奇仪器。

亚当和夏娃并没有生活在一起。

尼安德特人是一个假象。

侏罗纪公园让所有人都变得疯狂。

是的，我们每个人都是查理大帝的亲戚。

书桌上的一块骨头

2009年冬天的一个早晨，我在书桌上发现了一根手指的残余部分。没有指甲，也没有皮肤，实际上，它只是一根手指上指骨的顶端部分，比樱桃核还小。研究后发现，它其实属于一个5~7岁的女孩。这个指尖被装在一个普通的软垫信封里，自遥远的新西伯利亚寄来。不是每个人都愿意在早晨喝咖啡前于书桌上见到一块来自俄罗斯的残肢断体，但我却是个例外。

2000年，历时10年、耗资数十亿美元的"人类基因组计划"顺利完成人类基因组草图的绘制工作，时任美国总统比尔·克林顿在白宫举行的新闻发布会上郑重宣布了这项重大成果。一时间，DNA成为一个热门话题，为此，《法兰克福汇报》（*Frankfurter Allgemeine Zeitung*）特意用整个专题版面刊登了人类基因组的排列顺序——作为DNA组成部分的碱基A、T、C以及G之间的无数排列组合。在这段时间里，许多人突然意识到，遗传学将在未来产生巨大的作用。毕竟，DNA是人类生命的蓝图。

到了2009年，科学界距离这个目标已经越来越近。当时我在位于莱比锡的马克斯·普朗克进化人类学研究所（缩写为MPI-EVA）从事博士后研究，它是全世界第一所使用高科技技术对古代人类骸骨的DNA进行排序的科研机构。经过数十年的努力，遗传学专家们终于能够凭借我书桌上的这截手指指骨对人类的进化史做出一些解释。这个出土于西伯利亚地区的古物是一位生活在7万年前的女孩的遗骨，她来自一个至今尚未被我们认识的人类物种。这一切都是通过几毫克的骸骨粉末和一台精密的测序仪发现的——就在几年前，由一个微小指尖引出其主人的起源还是一种不可想象的"高深技术"。骨头残片展示给我们的不只这些信息，从中我们还能得知，这位女孩和今天的人类到底有着怎样的联系和区别。

一天一万亿

DNA作为生命的蓝图，几百年来已经为人所熟知。1953年，詹姆斯·沃森（James Watson）和弗朗西斯·克里克

（Francis Crick）在罗萨林德·富兰克林（Rosalind Franklin）研究的基础上发现了DNA的结构。凭借此项发现，两人9年后获得了诺贝尔生理学或医学奖（富兰克林当时已经去世，年仅37岁）。此后，医学也成为推动DNA研究的重要领域，并最终启动了"人类基因组计划"。

20世纪80年代，聚合酶链式反应技术的发展是实现DNA破译——解读DNA中的信息——的一个里程碑。[1]今天测序仪的研制就建立在该方法的基础之上，它使测序仪能够读取一个DNA分子内的碱基序列。进入21世纪以来，测序仪发展迅速。回忆一下以前的计算机康懋达64（Commodore 64），再看看今天使用的智能手机，每个人都能想象出基因技术的更新速度有多快。

人类基因组由33亿个碱基对组成，这个数字让我们对破译DNA涉及的数量级有了一些了解。[2]2003年，"人类基因组计划"结束，当时破译一个人的遗传信息需要花费10年以上的时间。[3]如今，在实验室里，我们每天对数以万亿计的碱基对进行分析。过去12年时间里，测序仪的工作能力提高了几万倍，我们现在已经可以做到在一台测序仪上同时解析300个基因组。10年后，在全世界的范围内，人们有把握破解数百万人的基因组，尽管未来的发展一直被低估。DNA测序会变得越来越快捷，成本越来越低，最终被所有人接受。到那时，基因组检查的费用将会低于全血细胞计数的费用。可以想象，不久的将来，对年轻的父母来说，破译新生儿的基因组将成为一种惯例。DNA测序为我们提供了做梦也想不到的可能性，如提旦发现某些疾病的基因易感性以及提高自身潜能。[4]

医学界为了更好地了解疾病以及研发新的治疗方法和药物而着眼于破译当今人类的基因组，与此同时，考古遗传学家则利用人类遗传学的研究方法，分析考古发现——远古时期的骨头、牙齿以及土壤——的样品，提取其中的DNA来推断死者的出身和来源。这为考古学开辟出一条全新的道路。与以往不同的是，这种研究方法不再只是依靠理论和阐释，而是将基因分析视作论证（如对于人类迁徙活动的研究）的依据，其准确度远超以注。能够破译远古时期的DNA对考古学的重要性不亚于发生在20世纪50年代的那一次科技革命。在此期间，考古遗传学家用以估算考古发掘物年代的放射性碳测定方法有了一个全新基础，我们第一次可以让确定人类骸骨年代的工作变得令人信服，虽然还无法精确到年。[5]现在，考古遗传学家甚至可以做到看过骸骨的残片后，就能发现其中的联系，甚至发现这些骸骨的主人都不知道的联系。数万年以来，遗存在地球上的人类骸骨成为过去历史的珍贵"送信者"，它们书写了我们祖先的故事。本书将讲述这些故事，其中许多故事大家可能会是第一次听说。

突变带来的进步

考古遗传学，这一新兴的学科可以帮助我们找到人类历史中最古老的和最基本的一些问题的答案：是什么让我们成为人？我们从哪里来？我们怎样变成了今天的样子？

斯万特·帕博（Svante Pääbo）是该研究领域最重要的先驱之一。自1999年以来，他一直担任位于莱比锡的马克斯·普朗克进化人类学研究所的所长。1984年，在瑞典的乌普萨拉大学（Universität Uppsala）攻读博士学位期间，帕博趁着夜色偷偷从医学院大楼的实验室里提取了一具古埃及木乃伊的DNA。从此，他开启了自己辉煌的职业生涯。2003年，帕博教授在莱比锡招收我作为他的研究生。经过两年时间的学习，我确定了自己博士学位论文研究的主题。他建议我和他的团队一起破解尼安德特人的基因组。这是一个疯狂的举动：根据当时的技术水平，这样的工作需要数十年才能完成。此外，我们还必须立即把几十千克珍贵的尼安德特人的骸骨研磨成粉末。当然，我相信帕博以及他从实际出发评估项目的眼光，因此接受了邀请。事实证明，这个决定是正确的。得益于测序技术的迅猛发展，我们在3年后就完成了这项工作，而且骸骨研磨工作也比预想的要少得多。

也正是在此期间，这截手指指骨从阿尔泰山区运送到了我这里。骸骨是考古遗传学的数据载体，我们从中可以发现许多有价值的东西。这块骸骨的主人是我们的直系祖先吗？还是说她的后代已经在什么时候灭绝了？如何区分出她的遗传物质和我们的遗传物质之间的不同？原始人基因组因此成为放置我们今天DNA的"模板"。身为科学家，我们对模板上"不匹配"的位置很感兴趣，因为这些"不匹配"其实就是我们的DNA发生的变化，即基因突变。虽然传到许多人的耳朵里时，"基因突变"可能会带有一种让人不舒服的言外之意，但"突变"却是进化的发动机，也是人类在今天看来不同于黑猩猩的原因所在——这种巨大的不同甚至可以用动物园里的栅栏隔离开来。对考古遗传学而言，突变是人类历史发展的里程碑。

阅读这一章节的这段时间里，你体内上百万细胞的DNA也正在发生无数化学变化，因为细胞不断死亡，就需要不断更新——皮肤上、肠道里，无处不在。该过程中的差错被我们称作"突变"。鉴于细胞的更新频率非常快，突变会频繁发生也就不奇怪了。通常情况下，身体可以立即修复突变，但修复并不总是有效。当突变出现在人类的生殖细胞中时，如在精子和卵子细胞里，它们会作为遗传物质传给下一代。身体此时开启了自我保护功能：大多数携带会导致严重疾病的突变的生殖细胞会凋亡。较小的突变或许能够逃过劫难，这样一来，基因上的改变就可能被遗传下来。[6]

让后代变得更多的基因改变在群体中传播得更快，因为这些改变被更加频繁地传递。例如，人类比他们的远方亲戚——类人猿——有着更少的毛发。这可能就是多次基因突变的结果，在此过程中，人类进化的不是毛发，而是汗腺。凭借着这种新型"冷却系统"，毛发稀少的原始人能够长时间奔跑、更好地狩猎以及逃跑，因此寿命更长，更有机会繁衍后代。而拥有让毛发变得更多的遗传物质的原始人却在这些方面吃了亏，最终走向消亡的命运。实际上，大部分的突变都没有针对性和指向性，也不会带来什么好的发展。它们中的一些不会对机体有任何影响，另一些则会带来损害，因此被负向选择（被剔除）。只有很少的一些例外，即那些已被证明对生存和繁殖有利的改变，才会被正向选择。这样的突变在人类族群里扩散开来，持续推动人类发展。进化就是这样一种经过不间断实践检验而发生的偶然性共振。

来自原始人的问候

对考古遗传学家来说，研究古老骸骨里的遗传物质就像是坐上了时光机：借助生活在数万年前祖先们的DNA，我们可以了解到哪些基因突变至今仍在人类身上发挥作用，哪些身体特征已经消失了。研究这截来自俄罗斯的指骨时，我们希望找到上述问题的答案。

阿纳托利·德雷夫扬克（Anatoli Derevjank），俄罗斯最著名的考古学家之一，在阿尔泰山区海拔700米高的丹尼索瓦（Denisova）洞穴里发现了7万年前的人类骸骨。该山脉位于莫斯科以东3500多千米，地处中国、哈萨克斯坦和蒙古三国交界地区（亚洲中部）。丹尼索瓦洞穴不仅是一个深受人们欢迎的度假胜地，多年来，它还是一个科学研究宝库，科学家们定期在这里发掘来自石器时代的骸骨，以及各式各样人类手工制作的物品。阿尔泰山区就像你想象的西伯利亚一样，这是一个很大的优点，因为寒冷的气候有利于保存挖掘出来的文物。我和斯万特·帕博以及一些同事在2010年年初来到这个地区。见到德雷夫扬克后，我才知道，当气温在零下42℃时，人的皮肤上会长出冰晶。

在莱比锡的实验室里，这截来自阿尔泰山区的指骨经过了多个程序处理。考古遗传学家先给骨头钻一个小孔，然后将他们得到的骸骨粉末倒入一种特殊的液体中，最后，粉末的DNA分子会溶解在液体里。还有很多方法我们并没有尝试，因为我们只能提取10毫克的骸骨粉末——仅相当于一块面包屑的重量。我们原本设想这是一截现代人的骨头，也有可能是尼安德特人的骨头。然而，测序仪给出的结果却让我们一开始就无从下手——检测的DNA既不属于现代人，也不属于尼安德特人。我急忙召集整个团队，向他们展示这些神秘的结果。"我们哪里做错了呢？"我问道。我们反复检查数据，但显然我并没有弄错什么。我稍后给项目负责人打了电话，请他来一下。"斯万特，我相信我们发现了直立人。"直立人是现代人和尼安德特人的共同祖先。当时，直立人的DNA还从没被破解过。我想，或许我们是第一个成功取得突破的团队。

关于这截指骨的DNA，我们发现了什么呢？它与现代人遗传物质的差异是尼安德特人DNA与我们今天人类DNA的差异的2倍。这意味着，与尼安德特人和早期现代人相比，这个来自丹尼索瓦洞穴里的人很早就已经走在了不同的进化道路上。我们当时的研究说明：大概在100万年前，非洲的直立人分化成两个不同的方向进化。其中一个分支进化成尼安德特人和现代人，另一个分支则在亚洲进化成丹尼索瓦人。进化研究之"默认"的许多观点——如7万年前，除早期现代人和尼安德特人，地球上再也没有其他原始人种存在——现在已经开始动摇了。

然而，我们被这些数据误导了。当时我们并没有意识到自己犯了错误，因此在2010年3月发表于《自然》（Nature）期刊——顶级的专业期刊——上的第一篇有关丹尼索瓦人的论文中讲述了这个"故事"。很快，全世界仿佛都涌向了我们这里。我现在还能记起，那时候有很多摄制组来到我们的实验室。在一个星期内，我接受了大量有关发现"丹尼索瓦人"的电话采访。但几周后，我们就开始产生怀疑：我们刚刚发表的数据是不是全部正确？或者说，我们对数据的解释是否正确？

一半废料，一半模板

谈到人类基因时，我们通常指的是基因组。在科学意义上，这其实是不准确的——我们体内的33亿个碱基对中只有很少的一部分是基因。这仅占2%的部分负责对蛋白质进行编码，换言之，它们是我们身体的模板，为约30万亿个细胞提供计划方案。[7]

人类一共有约 1.9 万个基因，出人意料的是，这个数字并不大。一只变形虫，也就是一个很微小的单细胞生物都有 3 万个基因。一棵常见的松树有超过 5 万个基因。不过，基因的数量并不是决定生物体复杂与否的主要因素，因为在有细胞核的有机体中，基因里的信息可以组合成不同的模板，基因不一定只承担身体的一种功能。但在初级的生物体中，如细菌，一个基因通常只能组成一个承担一种功能的模板。可以这么说，人类基因，当然还有大部分动物基因，是配合得特别出色的小团队。

50% 的人类基因组就如同一个非常大的硬盘，里面充斥着一些废料，即对我们来说没有任何明确用途的 DNA 序列。除基因外，分子开关也发挥了重要作用。它们占据了高度复杂的基因组结构的 10%。这些开关被"转录因子"激活和关闭，确保身体的每一部分产生正确的蛋白质，如指尖细胞不会认为自己是胃部细胞而产生酸液。一般来说，一个人的所有细胞都含有同样的信息，因此必须先把相关信息从这些信息里过滤出来。

对考古遗传学来说，没有用处的基因组其实很有价值，因为只有通过它们，分子钟才能起作用。研究人员在整个基因组中检测基因突变，继而推断出一些新的信息，如两个族群在什么时间点发生了分化——该时间点越往前，DNA中累积的差异越大。如果整个基因组都由基因组成，则差异（突变）的数量不取决于分化的时间长度，而取决于两个族群之间环境差异的大小。举个例子，对于某些基因，非洲人的基因突变要少于从非洲迁徙出去的移民的后代。这是因为迁徙出去的这些人的基因必须适应新的外部环境，而非洲人的基因则完全不需要，或者不需要如此强烈地适应环境。然而，不考虑这2%的基因，当今非洲人的基因组内部的突变数量与世界上其他任何地区的人都差不多，其原因在于：发生在基因组大部分"废料部分"里的突变和发生在基因里的突变一样多，但几乎没有任何正向或负向选择。从距离我们最近的共同祖先那里开始，我们每个人的身上都聚集了同样数量的突变。不论进行对比的两个族群的基因在发展过程中产生多大不同，分子钟总是在发挥作用。

所有基因之母

正如今天所知，有人对我们关于丹尼索瓦人DNA的解释表示怀疑是有道理的。我们后来能够澄清这段真实的、令人称奇的历史，是这几年来考古学迅速发展以及"确定性"在最近几十年的考古学研究中一再缺失的一个例证。这也说明了，恰恰是因为错误地解释这些来自阿尔泰山区的数据，我们才揭示出原始人研究中的一个巨大误区。这名来自亚洲的丹尼索瓦女孩的DNA间接而又明确地给我们提供了一个研究现代人定居欧洲的全新视角。我们了解到他们数万年前曾经和尼安德特人在欧洲相遇，并且发生了性关系。

为了重新构建出这个丹尼索瓦女孩的谱系，我们发表第一篇论文时使用了线粒体DNA。线粒体通常被视作细胞的发电厂，而线粒体DNA简称为mtDNA，它只是我们基因组中很微小的一部分。如今，对更复杂的、更具有相关性的细胞核DNA进行测序才是标准的和合理的，然而，2010年之前，人们更多是对线粒体DNA进行测序，以尽可能地节省时间和资金。[8]虽然线粒体DNA无法提供非常细节的信息，但很适合绘制谱系。一方面，所有人的线粒体DNA都是从自己的母亲那里遗传而来；另一方面，线粒体DNA非常稳定地平均每3000年发生一次突变，而这种变化会继续传给下一代——同样的线粒体DNA在3000年的时间里沿着母亲的一侧进行遗传。如果对比两个人的线粒体DNA，我们可以计算出离他们最近的共同祖先大致生活在什么时间，即考古遗传学家常说的"分子钟"。当今人类的线粒体DNA可以追溯至唯一的女祖先，一位生活在大约16万年前的"老祖母"。在遗传学领域，这位"老祖母"被称作"线粒体夏娃"。与之对应的是根据沿着父亲-儿子一侧遗传下来的Y染色体追溯到的"亚当"。然而，"亚当"生活的时代比"夏娃"早20万年，我们因此可以确定这两位肯定不是夫妻。[9]

　　发表第一篇关于丹尼索瓦人的论文时，我们并未对细胞核DNA进行测序，原因很简单：阿纳托利·德雷夫扬克也给了另一个实验室一截指骨，我们担心同行会赶在前面发表论文。正常情况下，抓紧时间完成工作没有任何问题，因为线粒体DNA和细胞核DNA中都能找到分子钟。[10]细胞核DNA可以极大地深化我们对线粒体DNA的认识，一般来说，两者之间并不矛盾。然而，丹尼索瓦女孩这个案例中的细胞核DNA显示出了一个完全不一样的谱系。根据该谱系，丹尼索瓦女孩并不是从现代人和尼安德特人的共同祖先——直立人——中分化出来的，而是很久后才从尼安德特人中分化出来的。新的数据表明，某一个族群先与今天我们这些人的祖先分离，然后又继续"分裂"为尼安德特人和丹尼索瓦人。现代人的祖先迁徙到欧洲，而另一批人前往亚洲。这些情况已经与我们今天所知道的十分接近，但还缺少一次相关的修正。距离这次修正，我们还要再等6年。

对西班牙北部西玛·德·罗斯·胡索斯（Sima de los Huesos，通常译为"胡瑟裂谷"）原始人遗骸的发掘最终消除了线粒体DNA和细胞核DNA之间的矛盾。2016年，斯万特·帕博的研究团队检测了这些骸骨的基因，发现它们大约来自42万年前——细胞核DNA的分析结果显示骸骨应该属于一位尼安德特人。最精彩的地方在于，当时人们普遍认为42万年前的欧洲还没有尼安德特人，因为此前所有尼安德特人骸骨研究都以线粒体DNA为依据进行分析，计算得出该人种最早也是在40万年前才与我们的祖先在非洲分开。然而，现在西班牙所出土的骸骨却表明尼安德特人来到欧洲的时间要早得多[11]，换言之，先前的计算都不正确。在论文里，我还表述了西班牙尼安德特人的线粒体DNA与之前发现的早期尼安德特人的线粒体DNA是不一样的。但西班牙尼安德特人的线粒体DNA却与丹尼索瓦女孩的线粒体DNA相似。这是一个很重要的线索。

第一篇关于丹尼索瓦人的论文里的错误现在突然变得

清晰起来，因为我们拿晚期尼安德特人的线粒体DNA作为对照参考，它明显与早期尼安德特人的线粒体DNA并不一致。西班牙尼安德特人之后的某一时间里，考古遗传学家在晚期尼安德特人个体的遗传基因中发现了一种来自早期现代人的线粒体DNA，准确地说，是来自早期现代女性的DNA。一名尼安德特人在欧洲或与之交界的近东地区与这名女性发生性关系，因此线粒体DNA显示出晚期尼安德特人和现代人之间的血缘关系更加亲密。与此相反，丹尼索瓦人却相对闭塞地生活在亚洲——至少这个丹尼索瓦女孩没有体现出族群融合的基因踪迹——他们在线粒体DNA和细胞核DNA上保留了与早期尼安德特人相对亲密的关系。这些新的认识与线粒体DNA以及细胞核DNA的数据相符。只是到现在为止，已知的人类谱系进化过程中的分化还必须再做一些调整。尼安德特人和丹尼索瓦人可能在50万年前就已经分开，不是之前认为的30万年前。另外，尼安德特人和丹尼索瓦人的共同祖先与现代人的分化应该是发生在60万年前，而不是45万年前。

丹尼索瓦人身上携带有早期尼安德特人的线粒体DNA，晚期尼安德特人与现代人更接近，这些重大的发现不仅让作为一名科研工作者的我激动不已，也让作为一名普通人的我深受感动。为什么我对原始人的研究如此着迷，其中一个原因与我家乡——图林根州（thüringischen）艾希斯费尔德（Eichsfeld）地区的莱讷费尔德（Leinefelde）——的历史有关。尼安德特人的发现者约翰·卡尔·富尔罗特（Johann Carl Fuhlrott）就出生在这里，他居住的地方与我父母家仅隔了几条街。富尔罗特是我青少年时期的偶像。那时，我做梦都想不到，我竟然有一天能够对他的作品做一点补充。

荒蛮的岁月已经过去

对丹尼索瓦人的发现，以及对尼安德特人的重新发现显示了考古遗传学在最近一段时期里惊人的发展速度和它未来进一步发展的可能性。然而，科学需要在它即将开始欣欣向荣地发展之时，摆脱掉不成熟，或者更形象地说：度过青春期。因为这个新兴学科的研究历史上也出现过野蛮发展的阶段，由于对待发展的某种不理性的态度，一些研究人员做出了骇人听闻的研究。这也正是近几年许多遗传学家怀疑能否准确破译这些远古时期的DNA的原因。针对该项目的过度兴奋以及诸多怀疑就像是一部斯蒂芬·斯皮尔伯格（Steven Spielberg）即将上映的院线大片。

可供测序的骸骨并不多，因为骨头上的DNA必须保存得很好才能用。光照、高温和潮湿都是危险的敌人，当然最危险的敌人是时间。一截骨头放置的时间越长，其含有有用DNA的可能性就越小。比外，DNA总是能被检测到。这些DNA可能属于曾寄居在附近其他骸骨上的细菌，也可能属于挖掘它的考古学家，或者任何曾经接近它的人。如在博物馆里，DNA就如同海边度假别墅里的沙子一般，不停歇地散落在房间的每一个角落。20世纪80年代，斯万特·帕博曾经从一具木乃伊上提取了一些DNA，今天可以确定，这些DNA不是来自埃及，而是来自瑞典——他自己身上。

　　尽管如此，20世纪90年代还是爆发过一次DNA测序的浪潮。这是一个具有公众效应的、前景远大的研究课题，至少很多人相信科学家可以通过琥珀中的古蚊子使恐龙复活，因为斯皮尔伯格导演的电影《侏罗纪公园》（*Jurassic Park*）的剧情正是如此。当时，从远古时期的DNA里测序出来的许多结果的价值还没有打印课题报告所使用的纸的价值大。大多数用来做实验的化石都已经被其他东西污染，甚至连经过仔细处理的实验品也无法排除被细菌和研究人员的DNA污染的可能性。虽然20世纪80年代末已经有了关于DNA可信度的科学标准，但这个标准并没有被所有研究人员重视。

　　从20世纪90年代开始，测序仪迎来了技术革命，它强大的数据处理能力让排除污染变得更加容易。另一次重大突破出现在2009年马克斯·普朗克进化人类学研究所由我负责的一项研究中。我们第一次破译了一位冰期人类的完整的线粒体DNA，此人来自俄罗斯西部地区。但从今天的角度来看，这项工作最重要的是方法论部分——我们开发出一套分析人类DNA损伤情况的流程。如今，这种方法已经成为考古遗传学的标准。在研究过程中，我们检查了专门的损伤模型，该模型的产生时间是可靠的，因为DNA会随着时间的推移均匀损伤，损伤得越严重，DNA的年代就越久远。由此，我们可以推导出某种远古时期DNA的纯度检测法。如果发现实验品中的损伤模型指向"年轻"DNA，则说明该实验品已经受到污染，不应再继续研究。在这个来自俄罗斯的冰期人类身上，我们第一次确切证明了其DNA没有被污染。

原始人的传说

过去几年伪科学论文造成的损害一直到今天都影响深远。考古遗传学家惊讶地发现，人们对遗传基因的误解如此之多，同时，这些误解又被肆无忌惮地推销给民众。不少公司欺骗对研究祖先感兴趣的顾客，说可以将其祖先归入某一"祖先人群"中。某个公司甚至宣称已经发现了拿破仑的基因。

这样的基因测试价格不菲，高达四位数。但遗憾的是，它们根本没什么用处。因为在进行实验时，商家是用他们顾客的线粒体DNA和Y染色体与以前的人的DNA进行比对。例如，他们在这里挂的招牌是凯尔特人的DNA，如果顾客的线粒体DNA与出土的凯尔特人的DNA样本相符，那么他们可以直接推导出这位顾客的来源。然而，凯尔特人的线粒体DNA在石器时代和青铜器时代或者中世纪的欧洲都可以找到，那时可还没有凯尔特文化。除此之外，线粒体DNA也不适用于确定与某人的亲属关系。它只是一位女性的遗传信息，这位女性只是数百万名祖先中的一个。因此，对于凯尔特民族的想象也只不过是一个"故事"。同样，即使看重与拿破仑的血缘关系，在相关的试验中，顾客也不会得到任何有价值的结果——拿破仑的线粒体DNA不仅存在于他和他母亲的身上，也可能存在于成千上万生活在同一时代的人身上。

当然，人们也可以免费获得拥有著名祖先的机会，查理大帝在1000多年前至少生育了14个孩子，因此算得上大多数欧洲人的祖先。这是一道纯数学问题，换言之，从数学计算的角度来看，今天每个欧洲人在1000年前所拥有的祖先比当时的人都多。反过来，从那时延续到当下的所有血脉几乎可以在今天每个欧洲人身上找到，至少属于查理大帝其中一个子嗣支脉的可能性近乎100%。[12] 因此，可以简单地说，所有欧洲人在1000多年前的某个时间点都有一个共同的祖先。同时，与祖先"共享"的DNA每经过一代人都会减少一半——十代之前的祖先的遗传物质，有很大的概率已经无法在现存的基因组里找到。

肯定也会有严肃认真的公司，他们检查的是整个细胞核基因组，提供基因来源可靠的检测结果。在这个过程中，他们会按不同类型和地域对基因分布进行匹配，原理很简单：在空间上生活得越近，人们的血缘关系就越近，因为距离他们拥有一个共同祖先的时间还没有过去多久。英国人和希腊人之间的基因距离与西班牙人和波罗的海人之间的基因距离一样远，他们的中间是中欧人。如果把欧洲人之间的基因距离用X轴和Y轴进行标记，然后画下来，你会发现这些坐标几乎完全符合欧洲地图。

然而，这一切和祖先人群并没有什么关系。例如，如果仔细研究"族群迁徙"，即"祖先人群"这一广泛流传的观点的核心概念，我们不难看出，在这段时间里，欧洲人之间出现了大规模基因交流，却没有造成根本性的基因变动。为了了解最近一次族群大迁徙对所有欧洲人DNA改变情况带来的影响，我们必须回到5000年前的过去。那时从东欧草原迁徙而来的游牧人群的DNA，直到今天都是欧洲大陆上三大主要的基因组成部分之一，另外两大部分分别来自早期的狩猎采集人群以及来自安纳托利亚的农民。这三大"祖先群体"（这个概念仅适用于此）的基因成分在每个具有欧洲血统的人里，都可以通过DNA解析来量化。许多公司都能提供相关检测，而这些检测是否"有用"，每个人需要自行判定。

我们的基因是否与狩猎采集人群、早期农民或者草原游牧人群相近？毫无疑问，这是一个很有趣的问题。大部分商业公司几乎提供不出比民俗故事更多的信息，因为不同的基因成分虽然告诉了我们基因来源，却无法让我们了解遗传的预先倾向性。世界上基因最不一样的人们身上的DNA仍有99.8%是相同的。我们与尼安德特人的区别也仅仅是不到0.5%的基因组。谈到基因变动时,我们通常指的是DNA中微小部分的改变。因此,在地理和基因上十分接近的族群,如法国人和葡萄牙人,也只能通过精密的测序才能区分开来。

欧洲人的基因根基虽然在4500年前就已经确定下来,但这并不是说,考古遗传学从那时起就没有什么可做的了。这门学科目前还处于起步阶段,迄今为止,真正被广泛研究的主要还是史前史和古代史,接下来,考古遗传学的重点应该是苏美尔人、埃及人、希腊人和罗马人。考古遗传学界目前对他们的兴趣还比较小,因为这段时间有许多重要的书面文献,我们从中能够了解大量的历史细节,甚至包括罗马皇帝的膳食情况。因此,大部分考古遗传学家会优先研究缺少书面文献的历史时代。

DNA破译也会提供有关族群迁徙中移民潮的新知识,但主要是关于基因的溯源方面。公元6世纪,前往欧洲的移民几乎没有留下任何大的基因踪迹。原住民太多,即使是数万移民也不会造成遗传结构上的变化。当然,这并没有告诉我们移民对社会、政治和文化产生了怎样的影响。

鼠疫和霍乱之旅

除破译死去已久的人的DNA外，最近几年，另一个考古遗传学研究领域也引起了人们的重视，即破译病原体的古老DNA。不同族群之间的迁徙和交往使得现代人建立起今天高度发展的、联系密切的全球网络文明。然而，这样的迁徙和流动是有代价的——传染性疾病。在两大趋势的影响下，过去几千年里，数百万人死于细菌和病毒。一方面，全世界居住越来越密集的人口使病原体在人群之间的传播变得容易；另一方面，贸易使人类族群之间的交流日益密切，而这很可能是病原体能够传播到全世界的原因。

这段历史可以一直讲到现代，北美洲原住民在欧洲人到来后因大量感染天花和麻疹而死亡。同时，欧洲人也将梅毒带回了家，这一疾病在我们的这片大陆上一直肆虐到20世纪，带来了大量病痛和死亡。西非几年前暴发的埃博拉疫情唤起了全世界人民的恐慌，人们担心这一疾病会蔓延到其他地区。

近年来，越来越多的证据表明，传染性疾病与早期移民潮有关。至少在5200年前，今天的俄罗斯南部地区就已经出现了鼠疫的病原体，此后，当地大量居民开始动身前往欧洲中部地区，同时欧洲中部地区原住民数量急剧下降。会不会是俄罗斯移民带来的病原体杀死了这些原住民，他们被迫将自己生活的地方让给早就已经适应病原体的族群？许多迹象都指出，这不是一个不可能的假设。

从大约3000年前开始，即欧洲人完成了这次基因旅行后，一直到20世纪，病原体一再使整个欧洲大陆陷入不安和恐慌。研究清楚这些"小恶魔"的进化情况被视作考古遗传学家和医学专家未来要共同面对的巨大挑战。纵观整个地球的历史，人类可能是最成功以及流动性最强的物种，但数千年以来，细菌和病毒在其基因的演化上一直对人类穷追不舍。本书接下来将会详细阐述我们在与这两大对手角逐的过程中获取的知识以及抵御它们的方法。

第二章 顽强的外来移民

人们一起劳作。

原始人通过某种方式让别人理解自己的意思。

现代人正在征服欧洲。

不希望在原地停留。

人们在南方越冬。

一次令人惊讶的重聚。

猎人有一双蓝色的眼睛。

原始人的性

　　很久以来，关于不同人种之间的性关系，人们都只能依靠猜想，但最近的证据已经变得越来越"确定"：现代人既可以和尼安德特人一起繁衍，也可以和丹尼索瓦人一起繁衍。2018年，来自丹尼索瓦洞穴的一名女孩的基因组被破译并公开。这名女孩的母亲是尼安德特人，父亲是丹尼索瓦人。她生活在大约9万年前，死亡时年龄大约为13岁，学术界给她起的名字叫丹妮（Danny）。我们这些古老的亲戚们看来十分开放，他们喜欢结交其他人种的朋友。当然，这并不奇怪，毕竟当时没有很多约会对象可供他们选择。

　　尼安德特人的基因组被破解后，不同人种之间的融合就得到了证实。2010年，通过与当今人类进行比对，研究人员发现欧洲人、亚洲人和澳大利亚人身上分别有着2%~2.5%的尼安德特人的DNA。对于丹尼索瓦人的研究也得出类似的结论：如今生活在巴布亚新几内亚和澳大利亚的原住民是数万年前离开非洲、经由亚洲来到太平洋地区的现代人的后裔，他们身上有5%的丹尼索瓦人的基因。该结论为"走出非洲"理论（Out-of-Africa-Theorie）——人类诞生于非洲，然后从那里出发，前往世界各地——提供了证据。这也是为什么我们在今天非洲以外的人身上发现了尼安德特人的基因，而不是在撒哈拉以南的非洲地区的人身上——这个地区的人类祖先根本没有见过这些原始人。

感谢在西班牙发现的距今大约42万年前的尼安德特人，该发现间接证明了他的后裔已经和现代人进行融合，这没什么可惊讶的。更加重要的是，我们了解到现代人很早就已经尝试迁徙到欧洲。比对早期和晚期尼安德特人的基因后，我们可以计算出现代人的祖先肯定是在22万年前到40万年前的某一个时间点来到欧洲的，即使一开始他们并没有决定在这里长期定居下来。[13]

离开非洲

黑猩猩算得上我们的近亲，今天人类的祖先在非洲与黑猩猩的祖先分开最早可以追溯到700万年前。接下来又出现了不同的人类物种，其中包括地猿（Ardipithecus）和南方古猿（Australopithecus），如著名的骨骼化石"露西"（Lucy）就来源于后者。他们生活在300多万年前的非洲，看起来比今天的人类更像黑猩猩。大约190万年前，非洲大陆上出现了直立人，在接下来的几万年时间里，他们扩散到整个非洲，最远处甚至到达了亚欧大陆——成为第一个离开非洲的原始人类。直立人虽然在亚欧大陆上继续进化，如进化成"北京猿人"（Peking-Menschen），但是最终还是逃不过消亡的命运。另外一边，大约60万年前，留在非洲的直立人分别进化成了尼安德特人、丹尼索瓦人和现代人。

然而，根据"走出非洲"理论的观点，现代人是从非洲的直立人进化而来，他们从非洲出发，最终遍及世界各地，并且赶走了其他原始人种。毋庸置疑，黑猩猩和人类的共同祖先的进化发生在非洲。但直到不久前，在一些科学家看来，从直立人到智人（Homo sapiens）的进化是否仅发生在非洲仍有争议。所谓的"多地起源说"一直到20世纪90年代还是最主流的起源理论。该理论认为，来自全世界不同地区的人们在"本地"就能追溯自己的祖先：欧洲人的祖先是尼安德特人；非洲人的祖先是非洲直立人，又名"匠人"（Homo ergaster）；亚洲人的祖先则是北京猿人，也被称作"亚洲直立人"。

几十年来，上述不同理论被视作同等重要。在各种学术会议上，两派弋表都坚持各自的观点。如今，随着有关尼安德特人对欧洲人的影响，以及丹尼索瓦人对大洋洲人影响的认识，这两种理论都得到了证实，虽然权重不一样：97%~98%的欧洲人是非洲人的后裔，2%~2.5%的欧洲人是尼安德特人的后裔。在澳大利亚和巴布亚新几内亚的原住民当中，约7%的人是尼安德特人和丹尼索瓦人的后裔，93%的人是非洲人的后裔。只有撒哈拉以南非洲地区的原住民没有与非洲之外的其他古人种发生过基因交流。

最古老的现代人化石有16万年到20万年的历史，来自埃塞俄比亚。然而，目前还没有出土的实物证据可以准确地说明，尼安德特人和丹尼索瓦人的谱系是在什么地方开始分化的。很长一段时间里，大部分人类进化都被认为发生在东非，主要因为该地区是大多数原始人骸骨的"出土地"。但自2017年以来，我们找到了不少有关非洲其他地区也出现过人类进化的线索。例如，人们在摩洛哥发现了30万年前在这片区域生活的早期人类的头盖骨。因此，"东非是人类伟大征程的唯一起点"的理论根本站不住脚。非洲大陆上的人类进化到底经历了哪些路线和节点？这个问题也许在很长一段时间内都会是一个谜，也许永远没有答案。不过，今天我们可以非常确定地说：我们所有人的基因都根植于非洲。

近亲交配的问题

尼安德特人生活在伊比利亚半岛到阿尔泰山脉之间的地带，主要是在阿尔卑斯山脉的南部和今天的法国南部地区，以及近东地区。遗憾的是，今天还无法确定，在不同的历史时期，分别有多少尼安德特人生活在欧洲。但通过为数不多的出土的骸骨，我们可以推断出：历史上曾经出现过一个封闭了数万年的小社会。[14]

这样的命运并不是他们自己选择的，因为尼安德特人似乎是一个流动性很强的人种，否则他们也不会一路前进到阿尔泰山脉。然而，他们生活的时代是冰期，经过数十万年的积累，地面上出现了大量难以越过的冰川群。欧洲和大部分亚洲地区的生存条件与同一时期进化出现代人的非洲完全不一样。[15]许多尼安德特人的居住地与外界完全隔绝。由于没有其他选择，这些原始人只能和近亲以及远亲繁育后代,最终导致有害基因突变广乏传播。他们抓住每个机会扩展交友范围,认识新朋友,即使这个新朋友实际上属于其他人种——这是可以理解的。[16]

但不要过高地估计这样相遇的概率。在冰期时代,亚欧大陆的人口非常稀少,一般来说,尼安德特人在森林中漫步时与现代人突然相遇的机会,和他们见到喜马拉雅山雪人的概率一样小。请放松,我们可以假设尼安德特人既没有遇见现代人,也没有遇见喜马拉雅山雪人——毕竟,我们这里讨论的是石器时代的狩猎采集人群,他们生活在充满危险的环境里,需要时刻保持警惕,随时准备自保。不过,艳遇式的性接触至少还是会偶尔发生,而这种接触并不总是"和平"的。

直到今天,我们还不太清楚,现代人和尼安德特人之间的交往方式,除了性或者争斗之外,是否还有其他方式。无论如何,现代人在他们离开非洲走向全世界前就已经掌握了一门复杂的语言。[17]然而,尼安德特人能否发音以及如何发音在科学上还存在争议。但不管怎么说,尼安德特人肯定可以让别人理解自己的意思,毕竟,他们需要采取团队战术来进行集体狩猎。一些考古发现印证了这种看法。研究人员发现,今天的以色列境内发现的一位大约6万年前的尼安德特人的声带构造与今天的男生非常相似。700万年以前,黑猩猩和人类以及尼安德特人都有着共同的祖先，但他们的声带却没有表现出这样的相似性。原始人的语言能力可能产生于黑猩猩与人类分化后以及人类与尼安德特人分化前。

这一猜想得到了人类DNA中一个特殊基因片段的支持，因为尼安德特人也携带着几乎完全相同的基因片段。所谓的FOXP2基因并不是语言基因，当然这只是因为今天的科学水平还没能发现语言基因的存在——鱼和老鼠同样有FOXP2基因，但它们明显都不会说话。尽管如此，FOXP2基因仍然有着重要的意义：如果它发生突变，受它影响的人就会丧失掌握复杂语言的能力。如果孩子遗传了父母一方有缺陷的FOXP2基因，那么他几乎无法说话。如果父母双方的FOXP2基因都发生突变，那么他们的孩子将无法活下来。和声带一样，FOXP2基因也是在人类与黑猩猩发生分化后才进化出来的。经过比对，尼安德特人的FOXP2基因和现代人的FOXP2基因没有显示出明显不同。该结果说明尼安德特人很有可能至少掌握了一种形式简单的语言。[18]

尼安德特人没有灭绝

毫无疑问，尼安德特人可以算作"人类"，从进化角度来看，他们和现代人之间的基因差异十分微小。

不过，我们这个近亲却时常被划分成一个独立的人种。物种系统的建立主要与人类试图对现象加以分类并让自己脱离动物界的欲望有关。最主流的物种界定标准可能是：不同物种之间的成员虽然可以产生后代，但它们的后代无法继续繁殖。我们身边最常见的例子就是马和驴结合产生的没有生育能力的后代——骡子。既然尼安德特人和人类的后代已经被证明可以继续生育，那么上述界定标准也应该存在例外。丹尼索瓦人也是如此。某些物种概念（如进化、生态或系统发育方面的概念）暗示人类和尼安德特人属于不同的物种，可他们之间的基因差异实在太小了。因此，针对尼安德特人和丹尼索瓦人，更加恰当的专业术语应该是"人类物种"，因为他们指涉人的不同种类。

对物种问题的深入讨论也引发了大众对"尼安德特人是否已经灭绝"这个问题的关心。生活在数万年前的尼安德特人，从外形上来看确实在如今的欧洲绝迹了，然而，他们却拥有和现代人一起繁衍至今的后代——我们的体内现在仍然携带着尼安德特人的基因。换言之，尼安德特人和我们融为一体。如果欧洲早期现代人的人口数量是尼安德特人的50倍，那么欧洲人今天的基因混合比例为50：1就能反映出这个比例关系。某些尼安德特人的基因传播得特别成功，如它们对皮肤产生了影响。欧洲人较厚的皮肤可能就是遗传自尼安德特人，因为和非洲人较薄的皮肤相比，这样可以更好地抵御寒冷。

欧洲堡垒陷落

根据基因证据，我们发现，现代人的第一次迁徙出现在至少22万年前，他们离开了非洲。经过数十万年，尼安德特人似乎已经占领了欧洲和亚洲，因为疾病的扩散"尝试"总是一再失败。虽然早期迁徙而来的移民偶尔会与尼安德特人一起繁育后代，但这通常被视作罕见的个例。长期以来，亚欧大陆上的原始人类一直独自居住。

在这期间，移民们从南向北继续前行。[19] DNA分析研究证明，大约在4.5万年前，迁徙的尝试至少有两次，然而和之前的尝试一样，这两次也都失败了。在莫斯科以东2500千米之外的西伯利亚乌斯特-伊希姆（Ust-Ishim）出土了一些骸骨。这些骸骨属于一名死于当地的现代人，其祖先就是那些从非洲出发向北迁徙的移民。此外，在罗马尼亚的一个像绿洲一样的山洞里,研究人员发现了一个头盖骨。这块骨头有4.2万年的历史,被视作出土最早的欧洲现代人的骸骨,形状非常奇特。2015年的一项DNA分析结果显示:该头盖骨的主人是一个混合了超过10%的尼安德特人DNA的"混血儿"。但我们的直系祖先既不是那个在西伯利亚发现的人,也不是这个在绿洲山洞里发现的人。

不久后,时机成熟了。大约4万年前,我们的直系祖先开始向欧洲和亚洲迁徙。这一时期从近东地区来的人们,沿着黑海,找到了前往多瑙河的路,然后到达中欧地区。热爱骑行的人知道,今天沿着这条欧洲第二长的河流可以轻松地从德国南部地区到达罗马尼亚。然而,4万年前,从多瑙河三角洲到达黑林山的旅程和今天的远足完全不一样。不过,这是最短的一条可以经由巴尔干半岛到达中欧地区的道路,那时的欧洲正被一些巨大的冰川包围。欧洲仍然是一个很值得去的地方,虽然当时正处于冰期,可那里并不缺少草甸。草甸吸引了大量长毛象、披毛犀和大角鹿——这些动物深受尼安德特人和现代人的喜爱,早已成为他们食谱里美味的"菜肴"。

伴随着第一次出现的如此大规模的移民浪潮,欧洲开始了奥瑞纳文化时期(Aurignacien,旧石器时代晚期),发生了惊人的变化。生活在奥瑞纳文化时期的人是真正的艺术家，他们掌握了以前不为人所知的技艺。他们雕刻马、人以及一些奇妙的兽人，如位于施瓦本汝拉山（Schwäbischen Alb）的霍伦史坦-施塔德尔（Hohlenstein-Stadel）山洞里的狮子人。此外，他们还用鸟骨制作成长笛。奥瑞纳时期的人对雕刻"维纳斯雕塑"（Venusstatuetten）有一种特殊的热情——这种热情将成为欧洲数千年的传统。考古学家在施瓦本汝拉山发现了迄今为止最古老的作品，它展示出巨大的阴部和身体曲线，这也是该时期人物形象的典型特征。奥瑞纳文化的中心位于今天的德国南部地区，那里的人们拥有良好的生活环境，特别是拥有丰富的野兽资源。以当时的条件来看，将大量时间用在热爱的音乐和其他艺术上说明他们的人口数量应该相对较多，否则他们可能需要投入全部劳动力去应付每天的生存压力。

　　文化和艺术上的巨大发展对接下来的1万年产生了深远影响。关于这一时期的大发展，专家们有着多种解释。每个了解中欧地区冬天的人都能理解，为了躲避严寒而藏身于山洞的人们会感到多么无聊。又或者，正如考古学家讨论的那样，精美的艺术作品有助于在争夺性伴侣的竞争中提高自己的地位和胜算；心灵手巧的艺术家们更容易获得异性的青睐。无论奥瑞纳人拥有非凡创造力的原因是什么——按照石器时代的标准，他们就是伟大的美学家。

逃生和狩猎

和近亲黑猩猩相比，人类是糟糕的攀爬者。就攀爬树木而言，猿类的手和脚的结构堪称完美。在树上，它们可以找到食物和休息的地方，还能躲避袭击。原始人和黑猩猩的进化道路分开后，人类曾经掌握的这些技能开始不断退化。不过，我们的祖先获得了新的能力，他们原来的抓臂变成灵巧的手，以便制造工具和狩猎武器。进化上的重大突破最终与直立行走一起到来。

如果进化拥有"意志"——其实没有——那么"直立行走"就是一次大胆的实验。一般来说，用两条腿走路比猿类用全部四条腿行进要消耗更多能量。当然，这并不适用于"跑"这种快速移动，因为对于同样的距离，人类跑和走所消耗的能量几乎是一样的。190万年前，以奔跑为进化方向具有深刻意义。温暖期和寒冷期交替出现的冰期从根本上改变了非洲的面貌。原先树木丛生的平原变成了长满草丛的热带草原，只剩下几棵树木可供攀爬，而保持头部始终高于草丛的理由却越来越多，如及时避开捕食者。与其他无法进行同等程度的直立行走的人种（后来已灭绝）相比，直立人可以在热带草原上更好地生活。相反,黑猩猩和擅长攀爬的原始人可能仍继续生活在当时占据了非洲大部分面积的丛林中——在这些地方,专业的攀爬者们依然有优势。

直立行走为人类提供了一种全新的狩猎策略。然而,人类还需要进一步突变,如毛发逐渐减少——想走多远就走多远而不会使身体过热。人类最终成为长距离耐力赛跑的冠军,在辽阔的热带草原上,他们可以轻松地发现并杀死猎物。瞪羚虽然可以快速奔跑,但像大部分的哺乳动物一样,无法长时间奔跑。跑了一段距离后,瞪羚就会因奔跑过度而死亡。马最多能连续跑40千米,超过这个距离也会死亡。因此,原始人只需要简单地追逐动物,直到它们再也跑不动,最后用一块石头就可以捕获这些精疲力竭的动物。拥有长跑的能力还让原始人在发现危险征兆时能够迅速逃跑,如在发生自然灾害时。

人类的智力或许是直立行走的直接结果,因为变身成狩猎者后,人类不自觉地获取了更多能量补充。动物脂肪和蛋白质的摄入让大脑变成一个纯粹的能量消耗器。虽然在通常情况下,现代人大脑的重量仅占不到2%的人体体重,但它却消耗了全身约25%的能量。得益于高度发达的大脑，今天的人类才能比其他所有生物都更强大——"智力"使人类的足迹遍布整个地球，还能飞往月球。这一进化上的飞跃可以用数据测量出来：黑猩猩大脑的重量不到400克，而人类的大脑重量大约是它的3倍。如今，对许多人来说，在办公室忙了一天后，最好的放松方式就是出去跑一圈。

黑暗地平线上的毒雨

当现代人从温暖的非洲去往寒冷的欧洲时，他们没有选择在最佳的旅行时机出发。欧洲的温度已经变得越来越低了，逐渐进入"末次冰盛期"（letzteiszeitliche Maximum）。这段开始于2.4万年前，缓慢结束于1.8万年前的冰期让中欧地区的人类长期无法正常生活。大约3.9万年前，发生在欧洲大陆上的一场巨大灾难，使整个欧洲的气温变得更低。维苏威附近弗雷格莱地区（Phlegräische Felder）的超级火山喷发了，整个欧洲因此陷入黑暗，冰期的气温进一步降低。火山喷发出的灰尘向东扩散，穿过巴尔干半岛，一直深入今天的俄罗斯境内。有些地方的灰层厚度高达数米，连太阳光都无法穿透,所以平均气温下降——地质学家估计平均气温至少下降了4℃。在欧洲大部分地区,生长了多年的植被枯萎至死,饮用水源因为被混杂火山灰的雨水污染而变得有毒。弗雷格莱周围地区,包括那不勒斯,时至今日都是世界上最危险的火山区之一。许多地质学家认为,在接下来的几个世纪里,超级火山爆发可能还会再发生一次。

如果说欧洲的生存环境在3.9万年前一直十分恶劣,那么它现在(超级火山爆发后的一段时间里)已经变得致命。或许是因为火山爆发,尼安德特人流离失所。这些出生于非洲的人类逐渐撤退到欧洲西部地区。其他自然灾害也可能导致他们的灭亡。最后一批尼安德特人生活在3.7万~3.9万年前,在此之后,现代人取代了他们,迎来了自己独霸欧洲的岁月。

对科学界而言,这次规模巨大的火山喷发也带来了机遇,因为在火山灰中,人们发现了迄今为止已知的、与当今欧洲人基因关系密切的最古老的人类。得益于对其遗传信息的破译,我们现在知道,奥瑞纳文化时期的人类是我们的祖先之一。这些骸骨是在俄罗斯西部的科斯腾基(Kostenki)附近的火山灰中被挖掘出来的,因此保存得非常完好,2009年,我从中完全破译出一名来自冰期的现代人的线粒体DNA。科学界给此人起了一个好听的名字"马金纳·格拉"（Markina Gora），他的陪葬物显示出他可能生活在奥瑞纳文化时期。因为被发现时，马金纳·格拉整个人躺在火山灰上，所以他一定生活在火山爆发后，否则火山灰层应该在其身体上方。[20]

此时的欧洲正处于基因的剧变中。冰期再次显示了它巨大的威力，奥瑞纳人变得越来越少。人口数量的减少与欧洲动物群的衰退同时发生：大约在3.6万年前，欧洲出现了罕见的大规模动物物种灭绝现象，不仅波及猛犸象，还波及欧洲野牛、狼和洞熊，鬣狗也不见踪影。取而代之的是这些动物在东欧和北亚的亲戚。新的人种和新的动物物种一起到来。大约在3.2万年前，奥瑞纳文化时期最后的见证者们消失在中欧地区。

格拉维特（Gravettien）时期开始了。和奥瑞纳人一样，这些新移民也是优秀的大型猎物狩猎者，但显然比他们的前辈更能适应不断变冷的气候。[21]他们的起源并不为人所知，我们只知道他们从东方而来。格拉维特时期最著名的出土骸骨之一来自捷克共和国东南部多尔尼·维斯托尼斯（Dolní Věstonice）的三层墓（Dreifach bestattung），自1986年被发现以来，它便吸引了无数的考古学家，不仅因为它是一个十分罕见的三人合葬墓，还因为它具有十分神秘的象征意义：大约2.7万年前的猛犸象骨下面埋葬着三具骸骨——在许多考古学家看来，这似乎是一个浪漫的三人墓。他们3个人紧紧地挨在一起，位于左侧的人的双手放在中间这个人的胯部，而中间这个人的双手又放在了位于右侧的人的胯部。这种姿势不太可能只是巧合，因为3位死者的脸部都被泥土覆盖，而且陪葬物在坟墓里（甚至在中间死者的胯上）摆放得整整齐齐。

自这个墓穴被发现以来，考古学家们已经基本上弄清了它的情况，只是在一个核心问题上还没有达成一致意见：中间这个人的性别。此人患有骨病，所以无法像其他两人——男性——一样可以从组织结构上辨别出性别。不过根据两具男性骸骨之间这个特殊位置及其象征意义，大部分专家认为，"她"是一名女性。2016年，对这3个人进行的DNA测序推翻了上述解释。该骨病患者也是一名男性。当然，这仍然可能是一种三角关系，虽然并没有维持很长时间。此外，线粒体DNA还告诉我们，外侧的两人是亲兄弟，至少是同父异母或同母异父的兄弟关系。

这三人都死于20岁左右。经过多次DNA分析，我们发现他们身上携带这一时期从西边的法国迁徙到南边的意大利北部地区，甚至到达俄罗斯西部地区的人的基因。不只是三层墓展现了格拉维特人高超的工艺水平和对象征意义的细腻感知，该时期的其他考古学发现也同样令人印象深刻。他们的装饰品和洞穴壁画为世人所熟知。除此之外，他们还将维纳斯雕塑的雕刻传统继续发扬光大。依据将近1万年的存在历史，我们有理由把格拉维特人视作最成功的欧洲早期居民。然而，面对人类有史以来最残酷的敌人——冰期——即使是格拉维特人也没有任何取胜的机会。

通向东方的桥

在末次冰盛期，欧洲中部地区的所有生命都灭绝了。在长达6000年的时间里，冰川赶走了一切。依据极端严寒时期过后欧洲最盛行的基因，我们可以大致推断出之前在这片大陆上定居的人类的遭遇。

我们猜测，格拉维特人可能永远消失了，至少今天欧洲人的遗传物质里尚未发现能够证明他们后来又回来过的证据。然而，他们的前辈奥瑞纳人明显逃离到了伊比利亚半岛，在那里他们可以保护自己，以抵御永恒的冬天。这个地区虽然没有来自末次冰盛期的基因数据，但有接下来几个时期的基因数据。1.8万年前，生活在今天西班牙和葡萄牙境内的人类携带着我们在奥瑞纳人身上发现的基因。他们显然是在3.2万年前，为了躲避日益严寒的天气，从欧洲中部地区迁徙到欧洲西南部地区。最寒冷的时候，被冰川覆盖的比利牛斯山脉把他们的新家与欧洲大陆其他地方隔离开来。因此，他们不可能与生活在北边的其他族群进行基因交流。此外，伊比利亚半岛避难人群通往南方的道路也被阻断了。他们可以越过直布罗陀海峡远眺非洲，却无法到达那里。根据今天对海平面的测量，这两个大陆至少相隔14千米，他们既没有技术条件，也没有身体条件跨越如此长的距离，更不用说其间那股非常强劲的洋流。[22]

尽管来自奥瑞纳文化时期的基因可以在欧洲西南部地区越冬，但并不意味着该时期的所有成员都能够躲过严寒。可能很多人都成为欧洲中部地区温度骤降的牺牲品，只有少数人成功逃脱。然而，他们的历史还在继续，他们的基因也一直在欧洲保留到今天。大约1.8万年前，即大冰期的末期，这些人从伊比利亚半岛返回欧洲中部地区。基因分析和考古发现表明，他们在那里遇到了来自巴尔干半岛的移民，两大族群互相融合。

迄今为止，我们对当时生活在巴尔干半岛的人的基因情况了解得并不多，因为我们缺少可以利用的出土骸骨。

但我们知道，巴尔干半岛移民的确影响了欧洲DNA的形成——这个巨大的谜团直到最近才解开。令人费解的是，他们身上为什么会有和今天生活在安纳托利亚地区的人一样的基因成分？对此，一种观点认为，这些来自东南欧地区的人其实来自安纳托利亚，他们的祖先最初定居在巴尔干半岛，末次冰盛期后又迁徙到中欧地区。然而，没有任何考古学上的证据可以证明那次从安纳托利亚到巴尔干半岛的迁徙真实发生过。对安纳托利亚的狩猎采集人群进行DNA测序后，2018年，我们在耶拿的研究所里解释了这一切是如何发生的：不是安纳托利亚人将他们的基因带到欧洲，而是巴尔干人将他们的基因带到安纳托利亚。巴尔干人冰期前就已经来到东方，并与当地族群融合。基因如同波浪一般，从巴尔干半岛经由安纳托利亚，最终到达更远的非洲。今天的土耳其人、库尔德人，以及北非地区和中欧地区的人，都携带有来自巴尔干半岛的基因成分。

接下来的3000年里，伊比利亚半岛和巴尔干半岛上不同遗传背景的人群逐渐融合成一个相对同质的族群。也正是因为这段时期，欧洲和安纳托利亚之间的基因联系首次得到证实。几千年来，拥有蓝色眼睛和深色皮肤的技艺高超的狩猎采集人群塑造了欧洲大陆。从基因上看，这一群体比以往任何时候都更加"亲近"。日益减少的冰川壁垒使人类的流动变得更加容易。社会交往开始活跃起来,而这种交流最终体现在高度同化的基因库中。

欧洲逐渐变暖,气温升高,适宜的气候吸引了新的人类前来,下一次的大迁徙即将开始,欧洲基因历史上的高潮阶段即将到来。

第三章

移民是未来

全球变暖驱使人类前往北方。

以前的一切都比较健康。

两个孩子就够了。

施瓦本农民来自安纳托利亚。

浅色的皮肤更容易生存。

巴尔干路线证明了其自身价值。

猎人们开始撤退。

阳光照耀之地

从一开始，气候就对整个欧洲的移民历史产生了深远影响。所有来到这里的人都必须面对一个苦寒的大陆。大约240万年前，所谓的"更新世"（Pleistozän）［又名"冰川世"（Eiszeitalter）］拉开序幕，包括今天的意大利和西班牙在内的北半球地区在当时大部分时间里气候都极其恶劣，甚至反复出现了数万年之久的"间冰期"（Interglaziale），即间隔出现的温暖期。在间冰期，北半球的平均气温有时会超过今天的气温。然而，最寒冷的时候，阿尔卑斯山脉北面开始出现永久性冻土，伊比利亚半岛北部的海岸堆积起大量浮冰。

至少在45万年前，欧洲就已经有了尼安德特人生活的痕迹，现代人也在冰期向北方迁徙。该事实说明这两个人种具有很强的适应能力。虽然极端天气一再出现，但他们却仍然能生存下来。因此，冰期不是人类发展的阻力，而是动力。为了在严寒的环境中生存，我们的欧洲祖先退回到山洞里，此外，他们还给自己制作了衣服。考古的出土文物显示，欧洲的现代人最晚在4万年前开始使用针、纤维或者动物的筋腱来缝制衣服。相关证据包括在土里发现的早期皮毛沉积，以及一些零散织物沉积。不过，所有这些应对措施都不足以抵御2.4万年前的严寒天气。根据考古学家的推算，那时候，整个西欧和中欧地区最多只有10万人，而且他们都集中居住在几个很小的区域里。

1.8万年前，随着最后一次大规模冰期结束，升高的气温让欧洲中部地区又变得适宜居住，人们从南边的避难地迁往北方。这一切都显示出，一个新温暖期已经到来。就像过去气候不断变暖的3个间冰期，气温在1.5万年前开始迅速上升，人类因此得以在波令–阿勒罗德温暖期（Bølling–Allerød–Warmphase）扩散到整个欧洲。但大约1.29万年前，欧洲和北亚地区经历了一次人类在短短一生中也能明显察觉的气候变化。当时，欧洲部分地区的平均气温在50年之内下降了12℃，简直让人难以置信。寒冷真切地影响了每一个人，短暂的繁荣后，人口数量可能再一次急剧减少。这一为时较短的冰期被称作"新仙女木期"（Jüngere Dryas），其出现原因至今尚不明确。某种观点认为，之前的升温融化了北大西洋上的冰障，结果导致一个巨大的冰湖从北美洲涌入海洋，使得墨西哥湾的暖流停滞不前。和今天一样，当时的"墨西哥湾暖流"给欧洲西北部地区带来了温暖——这个巨大的"供暖设备"可以一直工作1500年。

一直到1.17万年前，欧洲才终于可以松口气。随着"全新世"（Holozän）温暖期的来临，气温终于稳定下来，并且变得更加温暖。我们今天仍然生活在这一时期。至少从当时和现在的人类的角度来看，冰期结束了。在理论上，全新世和过去240万年里以同样规律反复出现的间冰期无异，只是中断了冰期，而没有将其终结。因此，到现在已经持续了将近1.2万年的全新世，经过气温的缓慢下降后，可能会被下一个冰期取代。然而，这一切并不能改变今天由人类引起的气候变化所带来的生存威胁。

无论如何，对人类来说，全新世的到来首先是一件幸运的事，它标志着一次根本性变化的开始，在进化论上的意义接近于人类学会直立行走。在此期间，进化的发源地不在欧洲，而在近东地区。近东地区明显比北方更温暖，于是人类充分利用了气候提供给他们的机会。新石器时代即将登场，人类从原来的狩猎采集人群变成了农民和牧民，从流动的人变成了定居的人。

当时和现在的气候变化

　　气候变暖总是能引起人类迁徙。在过去1万年的时间里，气候变暖先是促进了欧洲文明发展，继而对全世界产生影响。当今气候变化带来的人口迁徙压力基本上沿着相同的方向，即自南向北。只有一点不同：如果说1万年前的气候变暖有利于人类扩散，那么在现代社会，人类活动造成的气温升高则会引发气候性逃避。从地球的历史来看，眼下气温的升高幅度也许微不足道，但对全球来说，这是一个前所未有的挑战。

　　气候变暖的原因在于全新世本身。世界人口数量正在不断增长。根据最新估计，到2050年，世界人口数量将会达到100亿。这不仅将增加温室气体排放，还会导致巨型城市的出现——巨型城市通常因为更完善的基础设施而更多地建立在沿海地区，尤其在东南亚的太平洋沿岸地区。升高的海平面可能会使这些地区的数亿人失去家园。非洲也是如此，到2050年，这片大陆上的人口数量将会增长1倍，达到20亿左右。非洲频繁出现的干旱将会夺去越来越多人的生计。陆地面积更大的北半球现在已经感受到了人口迁徙的压力，而且没有证据表明这种压力未来会减小。不过，随着地球持续变暖，亚欧大陆的北部地区和加拿大或许可以容纳更多的人口。为了养活更多的人，解冻的永久性冻土也将用于农业，但土壤在解冻过程中产生的甲烷会使气温进一步升高。

如果只考虑气候变化导致的可使用土地面积增加，那么地球温度升高对人类发展有益。然而，我们无法预测气候变暖造成的人口迁徙可能带来怎样的政治分歧和冲突。或者更恰当地说，人们不愿意设想后果。同样的情况也适用于另一个场景，即全新世结束后又出现一个新的冰期。过去间冰期的所有气候数据都预示着，阿尔卑斯山脉北部的农业生产很快就将崩溃——欧洲人无法再依靠自己的力量养活自己，他们可能不得不迁徙到南边定居。到那时，大约会有7.5亿欧洲人去往人口密集的非洲，在这样的环境中，冲突难以避免。距离这一时刻还有数千年，不管怎样，全新世仍将持续很长时间。或许，根据另外一种理论，人类引起的气候变暖甚至可以完全阻止冰期再次到来。因此，许多地质学家和气候学家也不再提更新世或全新世了，而是统称为"人类世"，即人类的时代。

荒野的简单生活

欧洲1.17万年前逐渐变暖后的很长一段时间内，狩猎采集人群继续塑造着这片大陆。"狩猎采集"不再只是一个历史时期，而是变成人类的天性。自开始直立行走，使用狩猎工具，并拥有更强大的大脑以弥补身体不如大型动物的缺陷以来，几百万年里，人类一直不断优化自己的生存策略。人类做着自己擅长的事，随着时间的推移，进化改变了他们，让他们在这些方面越做越好，并将自己的专业知识传给子孙后代。这些知识在我们当下这个时代已经不存在了——如果不考虑现在已经为数不多的、未来可能会消失的狩猎采集群体。如今，不依靠任何现代文明辅助工具的帮助，对大部分欧洲人来说，在荒野停留两个星期就有可能毙命。虽然现代文明人的身上肯定还保留着古老的狩猎本能，但今天的我们却经常连徒手抓一只鸡都做不到。

石器时代的人使用长矛和木棒来狩猎，后来改用标枪，再往后又改用弓箭。处理大大小小的材料时，他们展现出高超的技巧。他们用石头制作砍伐巨木的工具，此外，他们也能制作精致的刀和致命的箭镞。现代人到来后，欧洲的饰品变得越来越精妙和丰富——除了贝壳、羽毛、动物牙齿、毛皮以及小的鹿角，还使用了染料。

位于德国萨克森－安哈尔特州的马特迪伦伯格（Bad Dürrenberg）地区有一处被广泛研究的墓穴，它向我们展示了当时的生活和死亡场景，令人印象深刻。坟墓里面埋葬着一位生活在8000年前的25岁左右的女性。她坐着，腿上还有一个婴儿，很明显他们是一起死去的。死者旁边摆放着大量由动物材料制成的殉葬品，其中包括一只鹿角。另外，考古学家还在墓穴中发现了红色的染料和一个简易的毛刷，他们猜测，这可能是一种原始的口红。显然，她生前有着奢华的外表，考古学家因此给她起名为"马特迪伦伯格的女萨满"（Schamanin von Bad Dürrenberg）。与目前发现的其他中石器时代（Mesolithikum，大约开始于1.17万年前）的墓穴一样，马特迪伦伯格的墓穴也体现了中欧地区复杂的狩猎采集文化。那时的人们很重视审美，明显也很重视宗教信仰观念，否则不会给死者准备殉葬品。墓穴里还有食物，仿佛人们想给死者送去往生路上吃的食物，他们似乎相信人死后还会去另一个世界生活。

在逐渐变暖的欧洲，食物已经不再稀缺。肉类是人类菜单上最主要的食物。森林里、草原上，到处都是可以提供肉类的动物。菜单上的食物还有块茎、鸟蛋、蘑菇、禾本科植物以及植物的根和叶。秋天到了，人类便会储存足够的食物越冬。据了解，今天的狩猎采集者平均每天只工作2~4个小时就可以确保自己活下去。早期的欧洲人过着一种简单的生活。他们的全部家当也就仅限于自己的随身穿戴。他们没有固定住所，也不会把简易工具带在身边，需要的时候再重新制作就好——石头和木头随处可见。狩猎采集者一直在路上，他们会根据季节变化使用不同的帐篷。在一片步行约两个小时就能走出来的林区里，他们通过狩猎和采摘获取食物。如果找不到，他们就扩大自己的食物范围，少吃一些或者继续寻找。特别是当天气变冷时，寻找食物的路线就主要往南，因为那边的收获更丰富。

因为完美而亮白的牙齿，早期狩猎采集者的头骨令人惊叹。那时的人类几乎不吃会导致龋齿的甜食，比如蜂蜜；也根本没有面包这种会被唾液分解成糖的食品。然而，他们的门牙磨损严重。石器时代的人可能会将门牙用作第三只手，例如，借助嘴巴和一只手拉紧兽皮，然后用另一只手完成加工处理。因此，对狩猎采集者来说，牙齿损伤及其并发症是他们最常见的死因。可能这位女萨满也是死于一次急性牙龈发炎的并发症。然而，当时的人类几乎不会患有传染病，因为传染病通常无法在相距甚远的群体中传播。

那时的生活方式符合数百万年以来人类基因的演化

情况,使得这些中石器时代的人(Mesolithiker)能够一直保持最佳的健康状态。今天最常见的直接和间接死亡原因在石器时代是无法想象的,如心血管疾病、脑卒中(中风)、糖尿病等——这里只列举了一小部分。"原始人饮食法"(Paläodiäten),即只吃肉和蔬菜的节食方法的盛行有一定合理性。但这份节食菜单上的昆虫太少,而且肉和蔬菜也几乎全部来自农业饲养和种植。只有少数坚持所谓"原始人饮食法"的人会吃野生草药、树根和野生动物,而真正的狩猎采集者根本不会接受这种毫无"野性"的食谱。而且,走到原始人餐厅并不像去野外狩猎那样需要剧烈运动。

自然避孕,古老的仪式

中石器时代的人只有很少几个孩子。因为既没有动物的乳汁,也没有谷物粥,所以他们会用母乳喂养孩子一直到孩子6岁左右。在这期间,女性由于体内激素分泌而不会怀孕(警告:这不适用于今天大部分饮食丰富的人,哺乳不是一个可靠的避孕方法)。此外,弟弟妹妹出生时,年龄大一些的孩子的身体必须足够强壮才能不再需要父母长时间庇护,这个年龄是6~7岁。通常情况下,那时的女性一生怀孕不会超过四次,换言之,每一代平均可能会有两个孩子能够活到成年。这能让一个族群保持人口稳定,但无法实现人口快速增长。在人口稀少的欧洲,争抢食物的竞争几乎不存在,因此,狩猎采集者的不同族群很少发生冲突——食物已经足够每个人吃了。

但也有例外,还是很"激烈"的例外。特别是在向温暖期过渡的时期里,在欧洲中部和北部越来越多地区,人类不是通过狩猎,而是通过采集来获取食物。挤满了海豹或者每隔几个月就有鲸鱼搁浅的沿海地区尤其如此。繁茂的植物也丰富了餐桌上的菜肴,当地人可以轻而易举地找到浆果、根茎和蘑菇。这片土地是所有人梦寐以求的天堂乐园,吸引了其他地区的居民前来。早先定居于此的老前辈们尽其所能守卫自己的领地。狩猎采集者在社会生活中可能是最与世无争的人,然而一旦发生暴力冲突,他们却异常凶猛。在这片天堂乐园里发现的骸骨——被巨大的力量砸碎的头盖骨——就可以说明这一点。当然,残忍的行为起到了震慑作用:瑞典中部莫塔拉(Motala)地区的居民用长矛刺穿敌人,然后放在远离自己住所的沼泽地里。他们甚至设法把头骨放在其他头骨中。时至今日 我们仍然无法理解这种象征意义。不过,这些事件与后来席卷欧洲大陆的系统性的普遍资源竞争并没有什么共同之处。

人类最早的朋友

狩猎采集人群的某项伟大"发明"至今仍然影响着很多人的生活：狗。对猎人来说，狗是不可或缺的；对其他更多人来说，狗是一名家庭成员。据估计，在1.5万至2万年前，狼被驯化成了狗。驯化是在多个大陆上同时进行的，还是首先发生在冰期的欧洲？这个问题的答案目前还有争议。考古学家在波恩附近的奥博卡塞尔（Oberkassel）的一处双层墓穴里发现了德国最古老的有关狗的出土物。大约距今1.4万年前，这里埋葬了一位50岁的男子和一位年龄与其相仿的女子，陪葬品包括狗的牙齿，这表明该动物对于他们有着重要的意义。

这对男女主人是否也像今天的狗主人们一样喜欢自己的狗？对此，我们只能猜测。但至少在基因上，狗和人在数千年前是接近的。狗和人一样，消化碳水化合物的能力都比祖先强得多。因此，今天的狗携带有更多能分泌出淀粉酶的基因拷贝（Gen-Kopien），在这种酶的作用下，狗可以消化诸如大米和马铃薯之类的食物。富含碳水化合物的食物变成人类的主要食物后，同样的基因变化也发生在人类身上。与只拥有2个淀粉酶基因拷贝的黑猩猩、尼安德特人和丹尼索瓦人相比，今天大部分人都携带有10~20个淀粉酶基因拷贝——和我们身边的四条腿同伴携带的淀粉酶基因拷贝数量差不多。出现在狗与人之间的"平行突变"意味着，长久以来，狗不仅是人类忠实的伙伴，也是他们最好的帮手。

基因技术的先驱

冰期结束后，欧洲中部地区的气候开始变得十分宜人。近东地区同样如此。1.5万年前，充沛的降水和适宜的温度使一直十分荒凉的大草原恢复生机，长出了能够结出粗谷粒的野草——我们今天食用的谷物的祖先。植物的生长让擅长采集者直接受益，也让猎人间接受益，因为有了更多可以狩猎的野兽，那些为数众多、跳来跳去的瞪羚已经成为当时最重要的肉类来源。安纳托利亚以及整个博斯普鲁斯海峡（Bosporus）以东地区的生活是如此惬意，以至于猎人们失去了四处游走狩猎的欲望，跟随食物供给不断迁徙变得越来越困难。

这片富饶的"新月沃土"（Fruchtbaren Halbmond）地区从约旦河谷和黎巴嫩开始，经由土耳其的东南部、叙利亚和伊拉克的北部，一直延伸到伊朗西部的扎格罗斯（Zagros）山脉。这里不仅孕育着丰富的动植物，还有大量人类居住。狩猎采集人群最早定居在今天的以色列和约旦境内——大约1.4万年前，纳吐夫文化起源于此。他们将住所固定下来，采摘野生谷物，然后用磨石加工这些谷物。安纳托利亚的东南部地区发现了可以证明游牧文化衰落的证据。在这一地区定居的狩猎采集人群1.2万年前建造起哥贝克力石阵（Göbekli Tepe），巨大的石碑上刻有动物的图案，令人印象深刻。考古学家们认为这些建筑对于当时的人们具有宗教意义。

和北方地区一样，1.3万年前，近东地区也在温暖期后突然变得寒冷起来，降水开始变少。随着食物供应急剧减少，气候变化给人类带来了严峻的考验。或许是困难让人类变得更加富有创造力，他们开始意识到发展基因技术的好处。那时候的细心观察者们似乎已经注意到如何利用谷物的遗传多样性。大约1.05万年前，即寒冷期结束时，这片新月沃土上的一些定居点出现了二粒小麦（Emmer）以及野生大麦——前者是今天的小麦的祖先，后者是今天的大麦的祖先。这些谷物不是自发生长出来的，而是经过了特殊培育。

野生谷物具有适宜自身繁殖却不被人类喜欢的特性，即无法带着谷粒开穗，收割时许多谷粒会掉落在地，人类不得不费力地捡起来。某些"变异"谷物则不会这样，它们似乎是采集者为了获得更多"变异"种子、培育出新品种而种下的。通过对来自死海洞穴中的干大麦谷物基因组进行测序，我们与来自德国及以色列的同事们一起证明了，今天近东地区种植的大麦在基因上和6000年前该地区培育的大麦十分相似。

大约1万年前，这片新月沃土上似乎开始了家畜饲养。在当时的定居点，研究人员发现了人类饲养山羊、绵羊以及牛的最早线索。这些动物主要用于产奶，而不是作为肉类来源。可能是因为过上了定居生活，狩猎采集人群开始减少肉类消耗。要等到农耕时代，这种"逐渐减少"才会变成"急剧下降"。在农耕时代，通过更多狩猎来获取更多肉食基本上行不通，因为农业——一份经常加班的全职工作——的时间成本太高。尽管如此，农民对肉类的需求还是可以部分地通过与该地区仍然存在的狩猎采集人群进行贸易来得到满足。至少，在早期农耕定居点发现的狩猎采集人群骸骨表明，这两个群体之间不仅和平共处，也有贸易往来。

地窖里的尸体

我们目前还无法断言近东地区是否也发生了新石器时代革命，即农业生产的突然开始，因为该地区的人类经过数千年才慢慢发展出"农业战略"。一开始，农业耕种只是传统生活方式的补充——一种越来越受欢迎的"实验"。它与新石器时代晚期（农业时代）的大规模定居、农田与畜牧业没什么关系，与传统的狩猎采集小群体也没有什么关系。我们在位于耶拿的研究所里进行的DNA研究发现：这个地区的农业耕种是逐步发展起来的，新型农耕技术并不像之后的欧洲那样由移民带来。安纳托利亚地区的狩猎采集人群在基因上与后来的农民并没有什么不一样。他们属于同一个族群，并非从外部迁入。然而，值得注意的是，新月沃土的农民内部却存在基因差异。定居在新月沃土东部地区的人携带的DNA不同于定居在新月沃土西部地区的人。这可不只是"平稳渐进"的差异：两大族群在基因上的差异之大就像是今天的欧洲人和东亚人。对于发展水平几乎一致的同一文化空间内出现基因差异的原因，相关研究人员目前还无法解释。这也许是因为两大族群的祖先被冰期隔开了，安纳托利亚地区的山脉是他们无法越过的障碍。

安纳托利亚狩猎采集人群和稍后出现的农民之间的基因连续性在欧洲是不存在的。欧洲发生的是名副其实的新石器时代"革命",因为新技术短短几百年间就在欧洲大陆上站稳了脚跟。100多年来,不少考古发现都证实了这种"扩张"的确存在,但有一个问题始终没得到解决:是耕种作为一种技术文化已经被欧洲中部地区的人接受,即先从生活在安纳托利亚的邻居那里学会,然后逐渐从东部传播到西部(猜想一),还是生活在安纳托利亚地区的人自东向西迁徙,带来了新的农业技术(猜想二)?如今,研究人员已经找到了支持人口迁徙说的证据,而且这些证据比之前预期的更清晰。这多亏了对生活在5000~8000年前的数百名欧洲人的基因组进行的全面测序,此外还要感谢某位古施瓦本农民的骸骨。

该骸骨存放在我曾经工作过的位于图宾根的研究所地下室里,它属于一位7000年前的斯图加特地区女性。2014年,通过基因组测序,我们确定了她的基因来源——安纳托利亚。她的遗传信息明显不同于我们过去在狩猎采集人群——欧洲新石器时代前,这些狩猎采集者生活在今天的瑞典和卢森堡境内——的骸骨里发现的遗传信息。这位来自施瓦本地区的女性提供了第一份可以明确证明移民来自安纳托利亚的DNA证据。在此期间，我们还取得了数百份其他证据。它们表明，安纳托利亚地区的居民大约在8000年前开始去往欧洲各地定居，要么经由南部的巴尔干半岛，沿着爱琴海和亚得里亚海迁移，要么经由北部的多瑙河走廊迁移，定居点从不列颠群岛一直延伸到今天的乌克兰地区。很难说清究竟是狩猎采集人群被赶走，还是新移民的数量远远超过了狩猎采集人群。但无论如何，新移民到来后，狩猎采集人群的基因在整个欧洲人口中的重要性迅速下降。他们撤退到不适合农业种植的地方隐居起来。他们之后会卷土重来，哪怕还要再等上2000年。

作为替代品的浅色皮肤

随着新石器时代革命的发展，两大不同遗传背景的族群在欧洲相遇了。这是显而易见的，因为已经定居下来的欧洲人明显比迁徙而来的安纳托利亚人有着更深的肤色。根据现今的生活常识，人们可能会有疑问：为什么来自温暖的南方地区的人比已经在寒冷的北方地区长时间生活过的人肤色更白？生活常识没有欺骗我们。事实上，人群受到光照时间越长，肤色就会变得越深——生活在非洲中部赤道地区的人肤色最深,生活在北方地区的人肤色最浅。人们也能从进化的角度来解释这种差异:皮肤的色素沉着越明显,就越能阻挡可能致癌的紫外线辐射。

我们今天可以在肤色还没有适应环境的某个人类族群——来自欧洲的澳大利亚人——身上看到这种保护机制有多么重要。该族群的大部分人都是不到100年前移民到澳大利亚的,他们拥有英国血统,因此皮肤十分白皙,然而,他们的皮肤癌发病率全世界最高。三分之一的澳大利亚人在一生中会患上一次皮肤癌。根据生物进化论,浅肤色的人不应该在赤道附近生活,或者(至少)应该几千年前就移居到赤道附近生活,这样他们的皮肤才能在基因上适应环境。人类确实可以通过这种方式来适应环境。因此,在赤道附近生活的美洲原住民比生活在该大陆南部地区的人们肤色更深,尽管两者都起源于大约1.5万年前移居美洲大陆的同一族群。1万年后,白皮肤的澳大利亚人可能会拥有和很早前就来到这里的澳洲原住民一样的深色皮肤,当然,前提是没有更多的欧洲移民,也没有防晒系数为50的防晒霜。

在赤道附近,深色皮肤的作用是保护身体免遭疾病侵袭,但在温带和寒带地区,肤色的作用则恰好相反——活跃的色素沉积在皮肤里会产生不良后果,因为它阻碍了身体吸收太阳光。阳光不只是有害的,也是生命所必需的,人体会借助紫外线合成维生素D。太阳光照强时,深色皮肤合成维生素D没什么问题,但如果光照较弱,深色皮肤就只能合成少量维生素D。即使是没有过多色素沉淀的浅色皮肤,在阳光匮乏的地区,也很难合成足够多的维生素D。这就是为什么一些国家会在牛奶等食物中添加维生素D,或者让可怜的孩子服用鱼肝油。德国罗伯特·科赫研究所(Robert-Koch-Institut)的研究人员建议人们增加维生素D的摄入,他们认为深色皮肤的人尤其容易缺乏维生素D。

然而,上述这一切并没有解释,为什么8000年前,生活在中欧地区的人比来自南方的移民肤色更深。其实,答案就在近东地区农民的食谱里,正如对其骨骼同位素分析所显示的那样,他们的肉类食用消耗大幅下降。与狩猎采集人群相比,这些农民很少食用鱼类或肉类来获取维生素D,而是以素食为主,并辅以奶制品。早期农民的肤色面临着"选择压力"(Selektionsdruck):只有浅色皮肤才能合成足够多必不可少的维生素D。肤色需要经过几次基因突变才能变得更浅。安纳托利亚人携带有浅肤色基因突变,因此更加健康、寿命更长、孩子也更多。与此同时,他们的肤色也让他们开始过起农耕和素食生活。这种进化发展在整个欧洲持续了很长时间。纬度越向北,人们面部的肤色越浅。而另一方面,狩猎采集人群没有这种选择压力,不需要借助白皙的皮肤来合成维生素D，因为他们通过肉类和鱼类就可以摄取足够多的维生素D。

今天北欧人的肤色就是一系列基因突变的结果。例如，某些基因突变会降低皮肤中的黑色素含量。这类情况在今天的英国和爱尔兰十分常见，这群长有红色头发的人的皮肤不会被晒黑，却容易被晒伤，英国裔的澳大利亚人患皮肤癌的概率特别高也是同样的原因造成的。导致黑色素分泌减少的基因突变也会改变人们对寒冷和疼痛的感受。很长时间以来，人们猜测这种基因突变可能要追溯到尼安德特人，他们有很强的抗寒能力。但该猜想在基因上并没有得到证实。迄今为止，研究人员在尼安德特人身上还没有发现"黑色素受体"（Melanocortin-Rezeptors）的相应突变。

欧洲的狩猎采集人群不又有深色皮肤，还有蓝色眼睛。与肤色相反，欧洲人眼睛的颜色在安纳托利亚人到来后却被保留了下来。为什么会这样？研究人员至今不清楚原因。眼睛里虹膜的颜色最初就是深色的，因此，一切让眼睛颜色变浅的因素都应该建立在基因变异的基础上。当然，这样的变异其实没什么用，因为浅色眼睛不会带来任何明显优势，而深色眼睛对光的敏感性更低。蓝眼睛在非洲非常罕见，可能是因为太阳光照太过强烈，该突变最终被淘汰了。但即使如此，也不能解释为什么浅色眼睛如今在欧洲如此普遍，而不只是少数个例。一种听起来最可信的观点是，长有蓝色眼睛的人拥有更多繁殖后代的机会——蓝色眼睛简直就是"美丽"的标志。不管怎样，基因测序结果显示，安纳托利亚的农民移居欧洲后，蓝眼睛人群在数量上先是减少，然后又再次增加。

蓝色眼睛不一定就是特伦斯·希尔（Terence Hill）式的蓝色。这里的"蓝色"包含的色素较少，从灰蓝色到绿色的所有颜色都属于这个范畴，而绿色的眼睛就含有一种蓝色和棕色的混合色素。可见，同样的基因变异会导致截然不同的眼睛颜色。在深色和浅色之间，肤色的深浅差别也是近乎无限的。虽然我们没有在中欧地区的狩猎采集人群的基因中找到来自近东地区农民身上的突变（引起肤色变浅的原因），但我们也无须夸大这一发现的意义。类似的发现在近几年里并不少见。例如，破译了最早期的英国人的DNA后，我们注意到他们的肤色和如今西非地区的人的肤色一样深。感谢媒体将这些科学研究报道出来，然而，他们却经常以偏概全，随意将结论普遍化和扩大化。我们还不知道早期狩猎采集人群的肤色到底有多深，此外，肤色的遗传同样十分复杂，不是只用基因突变就能完全解释的。早期欧洲人更像今天中非地区的人，还是更像来自阿拉伯世界的人，目前我们还不得而知。唯一可以确定的是，他们身上并没有出现会让肤色变浅的基因突变，因比，他们比今天的欧洲人肤色更深。

再往前追溯历史就会发现，其实深色皮肤最初也是一种适应方式。因为我们的远房兄弟——被黑色体毛覆盖的黑猩猩——就拥有一身浅色皮扶。人类脱下毛发，肤色便会根据环境做出调整，从而保护裸露的身体不被太阳晒伤。因此，单从这个原因来看，将肤色视作判断进化水平高低的依据是非常愚蠢的，除非浅色皮肤的人想让自己与黑猩猩有一种特别的基因联系。

坚不可摧的巴尔干路线

巴尔干地区是安纳托利亚移民最早带来新石器时代文化的几个欧洲地区之一，原因显而易见。早期定居于此的农民沿着多瑙河创立了斯塔尔切沃（Starčevo）文化，受该文化影响的区域包括匈牙利的南部地区、塞尔维亚，以及罗马尼亚的西部地区。在这片土地上，农民们建立起全新的聚落结构，但由大量的黏土、木头和稻草建造起来的简陋的住所极易受到天气影响，经常倒塌。通常情况下，他们会在倒塌房子的原址上继续盖新房子。几千年来，一座座小山丘就这样堆积起来。这些残存的部分居住群落遗迹在阿拉伯语中被称作"土堆"，它们如今主要存在于东南欧和近东地区。考古学意义上的"共同点"也凸显了巴尔干半岛的桥梁作用，千百年来，近东地区和欧洲通过这座桥梁一次又一次交换信息。冰期期间，巴尔干地区的居民把他们的DNA传播到了安纳托利亚。1万年后，这一基因伴随着新石器时代的到来又重新回到欧洲中部。通过巴尔干路线实现的相互影响将欧洲和安纳托利亚地区的居民在基因上联系起来，一直持续到今天。

除了有关农业种植和畜牧业的知识，安纳托利亚人还给欧洲人带来了陶器制造技艺。这些来自新石器时代的人用陶土和火制造了大量的碗、瓶子以及储存容器。曾经尝试过在没有餐具的新家里做饭，并讲究地把饭吃完的人一定能明白，陶器对于当时的人们有着多么重要的意义。1000年以后，新器具在欧洲传播开来，考古学家根据制作陶器的方法给几十种文化命名。以丝带状装饰为特点的直线带纹陶器（Linearbandkeramik）在几百年的时间里传遍了整个中欧地区，包括今天的法国、德国、波兰、奥地利和匈牙利等国家，后来甚至传到了乌克兰。不过，地中海的亚得里亚海沿岸以及今天的意大利地区主要使用通常装点着贝壳图案的卡地亚陶器（Cardialkeramik）。

100多年以来，欧洲的考古学家们挖掘和出土了大量这一时期的陶器制品，它们是具有深远影响的新石器时代文化变迁的见证者。直线带纹陶器和卡地亚陶器都来自安纳托利亚移民，结果却在巴尔干半岛分化成两种不同的风格。从基因上看，拥有这两种文化的人就像今天的爱尔兰人和英国人一样，几乎没有区别。8000年前，在经济上占有优势的农民们的胜利已经通过该时期的DNA变化得到了清晰的证实。但这也不能说明一切，因为7500年前的中欧地区基本上没有留下任何猎人的DNA，然而在今天的人群中，它们却再次和早期农民的DNA一样具有重要的代表性。随着安纳托利亚人的迁入，早期的狩猎采集人群并没有消失，他们只是隐居起来了。猎人和农民一起共存了2000年，直到农业最终统治整个欧洲。

第四章
平行社会

安纳托利亚人整天辛勤工作。

猎人们在寻找小壁龛。

新来的人带来了暴力。

撒丁岛人是最早的农民。

向移民学习意味着学习胜利。

卫生条件难以忍受。

逃跑的猎人

农民移居欧洲后，欧洲的遗传结构发生了变化，这表明，与之前生活在这片大陆上的狩猎采集人群相比，农民拥有更明显的优势。在接下来的几个世纪里，来自安纳托利亚的DNA在欧洲占据主导地位，并且这些新来的移民在数量上的优势还会继续增加，毕竟他们的生活方式让他们可以生育更多的孩子。狩猎采集人群的DNA后来又重新获得了统治地位，他们显然没有被完全取代，但毫无疑问，他们必须先让位。留给这些原住民的只有一些对农民来说没有什么价值的土地，比如牧场和耕地面积都很小的中部山区或者寒冷的欧洲北部地区。"替代地区"并不少，已经足够狩猎采集人群生活，毕竟新石器时代刚开始时，欧洲大陆的主要环境条件还不是实现农业发展的理想条件。

狩猎采集人群和农民之间可能已经达成了某些"共识"。他们生活在一个平行社会里，彼此都知道对方的情况，但接触却很谨慎。位于今天北莱茵－威斯特法伦州境内的布莱特洞穴（Blätterhöhle）见证了双方的一次接触。我们对洞中发现的骸骨进行了基因检测，检测结果显示，5000~6000年前（新石器时代已经开始很久），狩猎采集人群和农民都把身边已经去世的人埋葬在这个洞穴里。因此，这两个族群应该是邻居，双方协商一致，共同将这里用作墓地。他们无疑生活在相同的环境条件下，然而对骨头的同位素分析结果表明，他们按照各自的饮食传统过着不同的生活：狩猎采集人群的食物以肉类和鱼类为主，当然也有不少蠕虫和昆虫；农民则主要以植物为食。虽然成功地驯化了牛、绵羊和山羊，但农民们大多只食用它们产出的奶，很少屠宰。可见，互相邀请吃饭并不是一个好的选择。不过，两个族群的成员似乎时常会发生一些性行为，因为研究人员在洞穴里发现了双方共同后代的遗骸。在这些遗骸上，研究人员没有找到农民的线粒体DNA，却找到了少量狩猎采集人群的线粒体DNA——男性猎人的求偶表现真是糟糕。线粒体DNA来自母亲一方，所以肯定是女性猎人和男性农民接触，而不是女性农民和男性猎人。这也符合我们今天对狩猎采集群体的观察：当他们与农民相邻生活时，比如在非洲，女性农民和男性猎人之间的交往十分罕见，相反，更常见的是男性农民和女性猎人的交往。

压力和不健康的饮食

　　热衷于无肉不欢的烧烤派对的人肯定能理解为什么当时的狩猎采集者很难接受新邻居的素食主义生活方式。"农业花了2000年的时间才被整个欧洲接受"这个事实令人惊讶，因为很明显，农业提供了最佳发展机会。当然，狩猎采集者也有理由怀疑这种新的生活方式，至少不会轻易地接受它。农民想生更多孩子，可代价是显而易见的：他们的休息时间所剩无几。

　　为了装满食物储藏室，农民们通常要在地里劳作一整天，这样才能在一天结束后获得充足的粮食和蔬菜，也许还有一杯奶或一块奶酪。当然，狩猎采集者的工作也不是娱乐消遣，但他们显然能够更快地完成工作。当那些新来的农民们还在担心收成不好时，猎人们却知道如何在不利的条件下从大自然中获取食物。他们的消化系统也已经适应了以肉类为主的饮食结构——直到今天，仍然有很多人抱怨谷物种植和奶牛养殖的发明，看一看超市货架上不含麦麸和不含乳糖的食品就明白了。许多早期农民的骨头中有矿物质缺乏的迹象，而缺少某些矿物质有时会严重影响强大的猎人们。

农业种植并非一无是处。虽然耕作劳动可能会辛苦一些，食物不是最容易消化的，生活方式也不是最健康的，但农业却最终促成了大家庭结构的产生，增加了后代们的长期生存机会，并因此提高了整个族群的人口数量。与对方一样，农民们也会疑惑地看待狩猎采集者对待生活的简单态度和容易满足的乐观性格。繁重的工作彻底改变了农民的生活，让他们别无选择。一旦开始生产更多食物来养活更多孩子，他们的双腿就像踩上了仓鼠的滚轮，此后再也无法离开——如今图书馆里几乎所有关于员工压力的指导书籍都在讨论这个话题。更多食物不仅意味着更多孩子，也意味着更多孩子需要依靠更多食物来养活，这些食物必须先种下去，然后才能收获。

那时的情况今天依然还在继续：比起降低自己的生活标准，人们更愿意承受加倍的工作量。如果以物质财富为衡量标准，毫无疑问，农民的生活标准要高于狩猎采集人群。他们拥有田地，住着房子，饲养家畜。偏离已经选择的发展路径意味着他们必须拿自己孩子的生命来冒险。经过几代人的农业耕种后，改行当猎人变成了一件不那么容易的事，因为狩猎需要的技能必须从小训练。在一个由农民组成的集体中，放弃本职工作，加入大部分成员看来低等落后的狩猎采集群体，无异于自我放逐。

像两大族群毗邻居住在布莱特洞穴附近那样的情况可能比较少见。农民一般在条件合适的地方定居，不会考虑山区、森林以及洼地。他们需要肥沃的土壤。理想情况下，经过几年耕种，他们就能在这些土地上获得不错的收成。因此，农民的定居点主要集中在肥力充足的黄土地区，即冰期冰川留下的遗迹。其中，位于马格德堡的低地平原地区是新石器时代发展最为繁荣的区域之一。直到今天，那里的黑土地依然是欧洲最肥沃的土地。与其他拥有肥沃土壤的地区一样，马格德堡低地平原地区的狩猎采集人群很快就销声匿迹了。对第一批农民来说，欧洲就是一片自由的土地，土地上的食物资源必须尽快保护起来。前期的探索工作并没有持续很长时间，因为越来越多的人挤向了最好的地方。欧洲被一举占领，定居者们开始把自己封闭起来。

狭小空间里上升的暴力倾向

第一批新石器时代的定居点还没有什么防御措施，但接下来的几代人逐渐开始使用防御工事来保护自己的财产免受外人的侵犯。有关分配的冲突似乎很早就已经开始了，因为自农耕文明发展以来，欧洲中部地区到处都有表明曾经出现过战争暴力冲突的大规模集体坟墓。在海尔布隆（Heilbronn）附近的塔尔海姆（Talheim），考古学家发现了一处墓地，大约有7000年的历史，里面掩埋了30多个人的尸体。他们的敌人用石斧和钝物杀死了他们。同一时期，在奥地利察亚河畔的阿斯帕恩（Asparn an der Zaya），大约200个人在逃亡时被处决或杀害。在大屠杀中，没有人得以幸免，这样的屠杀通常是为了争夺有限的土地资源。坟墓里不仅有处于战斗年龄的男子的尸体，也有小孩、青少年以及老人和妇女的尸体。新石器时代初期，人们的杀人武器显然还是生产工具和狩猎工具。此外，弓箭也经常被使用。塔尔海姆和阿斯帕恩出土了被斧头和锛——一种用于加工木头的工具——打碎头骨的受害者骸骨。然而，在仅几百年后的农民坟墓的陪葬品中，考古学家找到了已经很完善的武器，这些经过精心装饰的武器专门用来杀人。随着新石器时代的开始，武装冲突已经成为文明不可或缺的一部分，尽管当时还没有军队或者有组织的战争形式。

当时的冲突经常是农民与农民之间的相互争斗，不过，农民定居点也针对那些不请自来、随意进入耕地和牧场的狩猎采集者专门建立了防御工事。狩猎采集人群那边是否也针对农民采取了防御措施还不太确定。为什么四处漂泊的狩猎采集者会冒着生命危险来获取一块土地？潜在的敌人膨胀的人口数量肯定让他们认识到自己根本没有机会。两大族群之间彼此平等的关系几乎不存在，然而只要不影响生活，农民通常会容忍狩猎采集人群。因此，这两个族群虽然有冲突发生，但不会永远处于战争状态。更常见的情况是：农民一方占有压倒性优势，与狩猎采集人群互不信任。

瑞典的牵引车

然而，并不是所有地方的农民与狩猎采集人群的力量对比，都像拥有肥沃土地的欧洲中部地区那样明确。一方面，斯堪的纳维亚半岛的南部地区以及更往南的波罗的海和北海海岸地区就几乎没有适合农业发展的土地，而且那里还覆盖着茂密的森林。另一方面，温暖的洋流吸引了大量海豹和鲸鱼，让当地狩猎采集人群能够享受丰饶的渔场资源。因此，他们觉得自己没有理由像那些农民一样"坚守阵地"。斯堪的纳维亚半岛也存在平行社会，但和我们之前提到的情况有点差别。与欧洲其他地区一样，斯堪的纳维亚半岛的两大族群起初各自单独生活，后来才开始相互混合；不同的是，生活在斯堪的纳维亚半岛的狩猎采集人群的基因被更完整地保存了下来，主要集中在欧洲北部地区。大约6200年前

（中欧地区新石器时代已经开始很久），狩猎采集族群与农民族群的"互动"最终催生了所谓的"漏斗颈陶文化"。该文化的名字来源于一种具有代表意义的陶制容器，它就像一个漏斗颈陶器一样上宽下窄。

斯堪的纳维亚半岛的早期狩猎采集人群没有被新来的移民族群赶走，不是因为他们特别抵制外来事物，恰恰相反，这是因为他们对新引入的工艺和技术持有一种开放欢迎的态度。他们乐于创新的意愿让漏斗颈陶文化成为新石器时代最为发达的文化之一。早期的斯堪的纳维亚人已经能够将轮子和牛的牵引力组合在一起，为运输和耕种带来了全新的可能性。迄今为上，我们已知的最古老的车道位于石勒苏益格－荷尔斯泰因州境内的弗林特贝克（Flintbek），拥有5400年的历史——考古学家在一个大型石墓下发现了它。斯堪的纳维亚人当时带给欧洲最伟大的发明之一就是牵引车的原型：将两头牛套在犁前，然后在田地上犁出深沟。这些装置还没有被考古发现，不过，在斯堪的纳维亚半岛的黏土地区，研究人员可能会找到这个时期的耕犁痕迹，如今这些黏土地区只覆盖着20厘米厚的土层。

将两头牛套在一起拉犁时，一方拉得过快会让双方都感受到巨大的疼痛，极端情况下，甚至会使牛的颈部骨折——斯堪的纳维亚半岛的农民利用这种方法不仅耕种了大片耕地，还开垦了荒地，开辟出许多农业用地。半岛上的大量树木虽然可以砍伐，但它们的树根却很难通过人力从地里拔出来。牵引机的使用改变了一切，此后树木不再是开垦土地的阻碍。即使是冰期的冰川遗留下来的巨漂石（Findling），尤其在欧洲北部地区，现在也可以被清除了。某些考古学家认为这项发明推动这一时期的欧洲建造了许多巨型石制建筑，即我们熟知的由大块石头搭成的坟墓，比如巨石冢（Megalithgräber）。据猜测，这些石头是从新耕好的田地里运来的。

农民从安纳托利亚向北迁徙后，大约6200年前，漏斗颈陶文化开始向相反的方向发展，不仅给南方带来了改良的技术，也带来了我们早已熟知的DNA。5400年前，斯堪的纳维亚人向东一直推进到今天的白俄罗斯境内，向西一直推进到今天土地非常肥沃的萨克森-安哈尔特地区。当地农民不得不再向后撤退。经过几次交手，萨尔茨蒙德文化（Salzmünder Kultur）被迫退缩到一小块腹地之内，大概位于今天的哈勒地区。最后，5000多年前，萨尔茨蒙德文化消失了。

总的来说，北方的扩张伴随着中欧文化的衰落。其中的因果关系目前尚不得知。例如，是漏斗颈陶文化进入了一个本来就已经衰落的地区，还是这个地区被漏斗颈陶文化非常野蛮地征服了？但在5000~3500年前的这段时间里，有一点是清楚的：中欧的大部分地区都没留下骸骨，只有一些人类手工品和定居点的陈迹。这可能意味着当地人在该时期焚烧了死者尸体，无论如何，这种殡葬风俗肯定不是来自北方。然而，火葬——只是猜测——见证了一场灾难，一场为后来不断涌向欧洲的移民浪潮铺平道路的灾难。关于这一点，我们稍后再谈。

撒丁岛上的"基因化石"

如今，我们已经在北欧人和中欧人的DNA里发现了漏斗颈陶文化时期的印记。斯堪的纳维亚人携带的狩猎采集人群基因成分几乎和安纳托利亚农民基因成分一样多。立陶宛（东部的漏斗颈陶文化区）当地人DNA里的狩猎采集人群基因成分甚至超过了安纳托利亚农民基因成分。但在欧洲南部地区，即安纳托利亚移民到达的第一个地方，占据主导地位的是来自安纳托利亚的基因成分——斯堪的纳维亚人的"反击行动"并没有推进到这里。今天法国南部地区和西班牙北部的人身上几乎没有狩猎采集人群的DNA，来自意大利托斯卡纳地区的人身上甚至更少。其中最明显的例子就是生活在今天撒丁岛上的第一批农民，他们的基因成分被几乎毫无混杂地保留下来——撒丁岛人因此成了"基因化石"。他们是独一无二的，因为即使在安纳托利亚和近东地区，也没有一个族群自新石器时代以来几乎不发生任何变化。在此之前，撒丁岛可能没有或者只有很少的狩猎采集者，而之后显然也没有出现大规模移民。

撒丁岛上新石器时代的定居情况表明，8000年前的人们应该已经能够建造船只或者（至少是）非常好的木筏了。他们不仅可以将一家人运送到岛上，也能完整地运送新石器时代需要的装备物品，至少包括两头牛。考古学家发现的最古老的船来源于罗马附近的布拉恰诺湖（Braccianosee），建造于7700年前。在此期间，不只是撒丁岛，与它相邻的科西嘉岛上也已经有了人类定居的痕迹。此外，得益于航海技术的发展，6200年前，农民终于到达今天的英国。在农民征服对岸的土地后，农业在整个欧洲得到普及——波罗的海沿岸以及斯堪的纳维亚半岛北部地区是例外，当地的狩猎采集者生活在不适合农业发展的辽阔森林里直到5000年前，如今那里依然有一部分人坚持狩猎采集生活。

传染病时期开始

在新石器时代，不仅人类聚集在一起生活，动物也成为农民家庭中不可或缺的组成部分——人与动物在同一屋檐下生活。这样做的理由很充分。欧洲当时不只有狼群，也有很多不会对一只毫无防备的羊心慈手软的猎人。保护好自己养殖的动物，不让其他农民顺手牵走也很重要。此外，这些动物在冬天还能散发体热，成为宝贵的热量来源。

这一时期的卫生状况至今仍然是一个未解之谜。越多家畜成为肉类来源，寄生虫疾病就越普遍，但家畜本身应该没有什么大问题。储存在居住地的食物，特别是谷物和奶制品，吸引了啮齿类动物和它们身上的寄生虫——跳蚤和虱子——一起到来。各种病毒和细菌轻而易举地入侵人类住所，疾病从动物传播到人类变得更频繁。狩猎采集者经常更换自己的居处，而农民生活在人类和其他动物的排泄物中间，更容易感染疾病。同时，不注重私人空间的亲密共居生活也有利于疾病在人与人之间传播。新石器时代的人类开始让植物和动物听命于自己，结果制造出一个新的敌人：传染病。从那时起，传染病就一再让人类付出惨痛的代价。

第五章

单身男青年

印第安人都去了哪里?

西方崩溃了,从东方来了新人。

他们很强壮,并且充满力量。

多喝牛奶吧!

牛仔和印第安人

　　两大基因成分塑造了新石器时代的欧洲，即早期定居于此的狩猎采集人群的DNA和从安纳托利亚迁入的农民的DNA。直到今天，我们身上仍然保留了这两种DNA成分。但此外还有第三种重要基因成分，它在今天的欧洲北部和东部地区尤为"显眼"，至少与欧洲其他地区对比可以明显感觉到差异。我们花了一些时间才知道这一基因是什么时候从何处来到欧洲的。出乎我们意料的是，不只是过去和现在的欧洲人携带着它，美洲原住民也携带着它，而且它占据的比例更高——这些原住民肯定不能算是我们的直系祖先。为了解释清楚其中的基因联系，人们可能需要绕不少弯路。然而，这是理解新石器时代革命后（大约5000年前）欧洲迎来的巨大移民浪潮的关键，也正是这一次移民浪潮让我们在基因上成为今天的我们。

　　2012年，研究人员分析了当今人类的DNA，结果表明：

欧洲人和北美洲及南美洲原住民之间的血缘关系比欧洲人和东亚及东南亚人之间的血缘关系更近。这与以往的考古发现不吻合。根据该结果，人类经过阿拉斯加以及当时还是陆地的白令海峡来到美洲定居的时间是1.5万年前，即冰期晚期。如果在这之前，人类从非洲来到了亚洲，然后从亚洲开始继续向美洲迁徙，那么在基因上，欧洲人应该和东亚人更接近，而不是美洲原住民，因为后者从亚洲人中分化出来的时间更晚。然而，遗传学上的发现却显示出完全相反的情况。

为了解释这个矛盾，专家们提出一个新的理论，认为定居在美洲的居民除了来自亚洲东部地区的狩猎采集人群，还有另外一批人——这些人过去生活在欧洲北部地区到西伯利亚的这片区域。他们可能已经与东亚人融合，融合后才经过阿拉斯加移居到美洲。这就可以解释欧洲人和美洲原住民在基因上的相似性。然而，该理论并不能真正有效地解释矛盾，因为当时的气候和地理条件阻碍了生活在东西伯利亚和欧洲的狩猎采集人群的交流往来，他们无法繁衍出一个与今天的印第安人以及欧洲人部分基因重合的统一族群。

这个理论模型没过多久就被驳斥推倒。2014年，在对一位具有施瓦本–安纳托利亚血统的女性农民进行基因组测序，并对比其与早先就在欧洲生活的人的基因组的过程中，我们发现了晚期农民和欧洲狩猎采集人群各自基因成分的特点，而这些基因成分并未出现在今天的美洲原住民后裔身上。因此，之前提出的基因桥猜想无法成立——欧洲的狩猎采集人群不可能移居到美洲。"马尔塔男孩"(Mal'ta-Junge)提供了今天的欧洲人和美洲原住民共同拥有的基因根源的关键线索。这个男孩生活在2.4万年前蒙古北部的贝加尔地区，他的基因组是欧洲人和美洲原住民之间最完美的联结部分，因为它包含这两大族群的共同基因。在"马尔塔男孩"身上发现的基因可能已经和与其相邻的东亚人的基因完成融合。这些基因大约在1.5万年前经由东西伯利亚和阿拉斯加之间的大陆桥到达美洲大陆，然后通过某种方式，在某个时间点来到欧洲。这就解释了两块大陆上不同族群之间的血缘关系。然而，在这之后又发生了什么？为什么8000年前迁入欧洲的农民和原先的欧洲狩猎采集人群都没有携带"马尔塔男孩"基因？研究人员又为什么能够在如今几乎所有欧洲人身上找到占据比例高达50%的"马尔塔男孩"基因？

　　找出这些问题的答案并不容易。2015年，借助国际合作，我们破译了69个人的基因组，这些人生活在3000~8000年前易北河-萨勒河的中部地区（Mittelelbe-Saale-Region）。如此一来，考古遗传学家或许就能发现这段漫长时期里不同阶段的遗传构成的横切图，我们希望可以从中获悉第三种基因成分何时传入欧洲。这个计划奏效了。首先，我们确认了"马尔塔男孩"的DNA直到5000年前才对欧洲产生影响。关于冰人奥茨（Ötzi）基因组的研究也证实了这一点，此人生活在5300年前，也完全没有"马尔塔男孩"基因。但4800年前，该基因突然出现在早期欧洲人身上，并且不是零星和偶然的，而是大规模的，来得十分突然。同时，农民和狩猎采集人群的基因成分却几乎完全消失了。

肯定有很多携带着"马尔塔男孩"基因的人迁移到中欧地区，并且在不足100年的时间里（大约五代人）彻底改变了当地人的遗传结构。在今天，要想达到类似效果，需要迅速向欧洲移民100亿人（这已经超过了地球上的总人口数），或者向德国移民10亿人（这还有点儿实现的可能性）。基因分析结果显示，这些人的DNA都来自位于俄罗斯南部的黑海和里海以北地区的东欧大草原。

欧洲人和美洲原住民似乎从欧洲东部地区和西伯利亚获得了很大一部分基因。这一带居住着所谓的"古欧亚北部人"（anzestralen Nordeurasier），"马尔塔男孩"也属于该族群。古欧亚北部人的生活区绵延7000多千米，从欧洲东部地区一直延伸到贝加尔地区。广袤的哈萨克大草原将世界这一部分的两端连接起来，里海和黑海低地也与大草原相连。古欧亚北部人群可能在2万年前开始向东方扩散，与东亚人混合，随后产生的新族群在1.5万年前到达美洲，因此今天美洲原住民身上会混合着相同比例的东亚人和古欧亚北部人基因。古欧亚北部人的基因大约在4800年前才到达欧洲，但它们的规模却非常庞大。500多年前，欧洲人发现了美洲，在某种程度上，这就是一个闭环，因为从遗传学的角度来看，他们遇到的其实是自己的远房亲戚。

四部分组成的欧洲人

继8000年前安纳托利亚的农民移居欧洲后，4800年前欧洲又一次翻天覆地的变化预示着更汹涌的移民浪潮的到来。和新石器时代一样，激烈的巨变过后，一切恢复正常。久而久之，先前就定居在欧洲的狩猎采集人群的DNA再次占据了重要地位，尤其在那些草原移民最后才到达的地方，即欧洲大陆的西南部地区。虽然我们仍能明显地检测出今天生活在该地区的人依然携带有草原DNA成分，但其含量已经非常低了。随着东方移民浪潮的开始，组成欧洲人基因的最后一块拼图也确定了下来，并一直延续到今天。

仔细来看，草原DNA由两部分组成。那些来自东欧大草原的移民的祖先不仅可以追溯至古欧亚北部人，还可以追溯至从今天伊朗境内（"新月沃土"东部地区）迁徙而来的人。"新月沃土"也是新石器时代的发源地。该地区西部人的基因不同于该地区东部人的基因。4800年前，这两种曾经在"新月沃土"毗邻而居的基因相遇于欧洲。因此，今天的欧洲人是欧洲和亚洲狩猎采集人群的后裔，拥有大约60%的"新月沃土"东西两地居民的血统。

这场源自东方的大迁徙的起点是大约在5600年前诞生于东欧大草原的颜那亚文化（Jamnaja-Kultur）。颜那亚文化不仅创造出各式各样的陶制器皿，还生产小刀和匕首，其中一些甚至已经使用青铜材质。作为游牧人，东欧大草原居民的生活非常惬意和洒脱。他们赶着一大群牛在草原上游荡，某处草吃完了，就移居到另一处。对该地区的人来说，这是一种很典型的放牧方式。草原的土壤不是特别肥沃，却非常辽阔。地平线似乎就在眼前，但永远走不到眼前。草原上矗立着的巨大坟墓见证了颜那亚文化的发展，它们不只是祭祀死者的场所，也能帮助当地居民在这片一望无际的土地上确定方向。它们被称作"坟丘"（Kurgan），是大量考古发现的来源，也是最新基因数据的来源。通常情况下，一个坟丘对应一个墓穴，墓穴上方堆放着一个土堆。小坟丘有两米高，大坟丘高达20多米。除了放置人的尸体，墓穴里还有不少陪葬品。死者的陪葬品（甚至是全部家产）有时候多达一整车。在我们曾经挖掘过的一个墓穴里，某辆牛车的司机甚至还坐在牛车上，其骸骨上有超过20处已经痊愈的骨折痕迹，看起来就像是尼安德特人或者参加"牛仔竞技"的现代骑手的骨架。可见，游牧人的生活并不轻松。

从青铜器时代回到石器时代

新的DNA发现偶尔会让我们这些考古遗传学家陷入语义冲突。基因分析结果明确显示，颜那亚文化圈的人在4800年前迁徙到欧洲。与通用的考古学"时间表"结合在一起看，我们就会发现东方人不仅来到了西方，也来到了"过去"——当时的颜那亚文化已经制造出青铜器，东欧考古学家将其归入青铜器时代。而根据德语历史文献，西欧的青铜器时代在4200年前才开始。换言之，大草原的移民们在4800年前离开青铜器时代，到达了石器时代——准确地说，是新石器时代晚期。事实上，当时生活在易北河—萨勒河的中部地区以及今天的波兰境内的人已经开始少量使用铜和青铜制品。大草原移民显然带来了青铜加工工艺，因此我有充分理由认为西欧的青铜器时代是从4800年前开始的。但主流观点目前仍然继续将这一时期称为"红铜时代"（Kupferzeit）或者'新石器时代晚期"。

150年的历史黑洞

4800年前，大量移民涌入欧洲，他们拥有的压倒性优势令人难以置信。然而，这样的情况可能并不是第一次发生。黑海西岸的一些基因证据表明，大草原的居民最晚在大迁徙前就和东欧有了零星交流。通过分析新石器时代生活在今天的保加利亚境内瓦尔纳（Varna）地区的人的DNA，我们知道了这一情况。瓦尔纳是当时文化最为发达的地区之一，考古学家在这里发现了6200年前甚至更早的黄金制品，它们被用作陪葬品，远远早于法老执政时期的古埃及。从基因上看，瓦尔纳文化时期的人和一部分欧洲人一样，也是安纳托利亚移民的后裔。但据我们所知，早在6200年前，该族群就已经来到瓦尔纳居住，并携带有草原DNA，因此他们至少当时就与大草原的居民偶有接触。瓦尔纳文化是欧洲最早衰败的文化之一，其定居点在公元前4世纪末消失，正如经过了几百年才重新出现的安纳托利亚DNA。不久后，同样的故事在欧洲再次上演。

　　这并不意味着东方移民是突然之间席卷欧洲，将原先生活在这里的其他人立刻都赶走的。相反，他们似乎进入了部分无人居住的空白地带。值得一提的是，整个中欧地区都很少出土5000~5500年前的完整骸骨。该时期少量DNA样本携带的也都是来自安纳托利亚的新石器时代基因。我们至今还没有找到4800~5000年前任何来自中欧地区的可以用于实验的DNA，同样也没有找到相关考古物件。一切仿佛都消失在一个黑洞里。4800多年前，大草原的移民显然来到了一片人口稀少的地区。

　　到底是什么引起了这一变化？我们至今还不知道答案。当前数据表明，要想实现类似的遗传结构的巨大转变，必须让100亿人移居欧洲，这说明欧洲人口数量在移民潮前出现了急剧下降的现象，否则不会有这样明显的"断裂"。以我之见，许多迹象都指向一场巨大的瘟疫灾难，只有少数人幸存下来。无论如何，目前破译的最古老的鼠疫基因组可以追溯至这段时期，它们附着在颜那亚文化草原居民的遗骸上，沿着同样的道路，和草原DNA一起来到欧洲。寻找新的牧场时，牧民会与当地农民发生冲突，这不难想象。即使在这种情况下，中欧地区的人口数量也肯定在新移民到来前就已经大幅减少，不然会留下携带着新石器时代DNA的人

5000年前在冲突中被杀害的证据，比如大型坟场或古战场。但事实上我们并没有发现这样的证据。

该时期的考古发现很少，而这种"文化传统"差异很可能是由移民的生活习惯造成的。毕竟，如果几代人都保持游牧生活方式——这一点在东欧的大草原上尤为明显——牧民就不会建造那些后来可供考古学家研究的建筑物。在这150年的黑暗时期里，几乎唯一保存下来的建筑就是看起来十分"颜那亚"的坟丘。越靠近德国中部地区，坟丘出现的频率越低，再往西就没有任何坟丘了。这个事实正好支持了上述推论。距离欧洲中部的丘陵地区越近，牧民就越没有理由在不合适的地形上放牧。另外，在多山地环境中，巨大坟丘远没有在平坦的大草原上那样震撼，这可能也是当地居民反对建造如此昂贵的建筑的原因之一。

正如我们通过DNA分析推断的那样，不到100年，移民已经迁入易北河－萨勒河的中部地区，又过去200年，他们来到了今天的英国。移民前的动力没有减弱，相反，英吉利海峡另一侧的基因变化几乎是最明显的。如果今天70%的德国人的遗传构成发生了变化，那么这种情况在英国至少是90%。草原移民赶走了巨石阵的主人，但仍然使用该祭祀场所，甚至扩大了它的规模。500年后，移民才带着他们的草原基因抵达欧洲大陆最远端——伊比利亚半岛。草原基因在这里的影响力明显要低于其他欧洲地区。欧洲基因史上西班牙的特殊地位早在冰期就显现出来，并因为比利牛斯山脉的屏障作用而继续下去。今天的西班牙人、撒丁岛人、希腊人以及阿尔巴尼亚人都是身上携带最少草原基因的欧洲人。

总的来看，这种草原基因如今主要在欧洲北部地区占据主导地位，而农民基因占主导地位的地区包括西班牙、法国南部和意大利，一直到巴尔干半岛南部。如果草原移民喜欢平坦的土地，那么对他们来说，最方便的西行道路就是经过今天的波兰和德国境内，朝着法国北部和英国前进。大约在4200年前，欧洲出现了一次反方向移民潮。这时的草原基因不再向西传播，而是和农民基因混合在一起向东扩散。因此，远在俄罗斯中部地区的居民，甚至阿尔泰山区的居民都和欧洲西部地区的居民一样，拥有安纳托利亚基因。

民族主义历史描写的后果

草原基因以前所未有的速度传播开来，这要归功于具有革命性意义的交通工具——马——的出现。借助马匹，草原移民不仅成倍地提高了前进速度，还让自己成为非常出色的战士。除了骑马，他们还带来一种不同于之前长弓的新式弓箭——短弓。这种攻击威力明显增强的短弓操作十分方便，骑在马上也能射击。快马配强弓算得上当时最危险的死亡组合。这些移民比当地的中欧人平均高出一头，配备战斧，看起来更加令人生畏。无数考古遗址都记录下了新移民和原住民之间爆发过的暴力冲突。在移民潮的开始阶段，斧头可能起了重要作用，因为斧头已经成为标准的陪葬品（尤其在欧洲中部地区）。而在更远的欧洲西部和南部地区，弓和箭似乎是最主要的武器。因此，19世纪，讲德语的区域以及斯堪的纳维亚半岛和英国产生了所谓的"战斧文化"（Streitaxt-Kultur）。然而，这一概念被后来的纳粹分子用在他们的宣传中，并被重新解释为证明德意志人具有压倒性武力优势的早期例子。出于可以理解的原因，第二次世界大战后，该概念被其他术语取代。

今天，人们已经不再提及"战斧文化"，而改用"绳纹陶器文化"——其因陶制容器上典型的绳纹图案而得名。当时在欧洲大陆西部占据主导地位的是"钟杯文化"（Glockenbecher-Kultur），这种钟形容器主要发现于英国、法国、伊比利亚半岛以及德国中部和南部地区。根据传统考古学观点，钟杯文化现象从今天的葡萄牙境内开始向北传播，一直传播到英国。它和绳纹陶器文化同时开始向外扩张，但彼此之间相互独立。然而，新发现的遗传学证据驳斥了这一理论。我们研究所之前参与的大型研究项目在2018年破译了草原移民潮发生前后来自两大文化圈的不同居民的大约400个基因组，发现直到早期英国居民被携带着草原DNA的移民们几乎完全赶走后，钟杯文化才开始在英国蔓延扩散。正如陪葬品显示的那样，在这段时间里，钟杯文化也影响了整个伊比利亚半岛，但并没有大规模移民活动随之发生。钟杯文化和移民一起来到英国，但在其他地方，它作为一种文化在人与人之间传播。

对考古学的外行来说，人类在何时何地、出于什么原因开始用不同的杯子喝水可能并不重要。但在考古学家眼中，这是一个极具政治色彩的世纪性问题。19世纪以来，一些考古学家和受纳粹思想影响的科学家宣称：一个统一的文化圈应该永远归属于一个民族，即共同基因。该观点还认为，文化和技术优势建立在基因优势的基础之上，因此，作为"战斧文化"的后裔，德国人完全有理由谋求统治权力。第二次世界大战后，这种文化–语言–民族理论让德语考古学界变得声名狼藉，并且背负上巨大的政治负担；与此同时，另一种观点得到普遍认可：文化传播不是通过移民、占领和征服实现的，而是通过族群之间的文化交流。关于5000~8000年前大规模涌向欧洲的移民浪潮引发了文化巨变的理论同样争议不断。然而，来自新石器时代革命的基因数据和来自草原移民的基因信息都明确指向这个方向，让许多考古学家感到头疼。实际上，分析钟杯陶器在伊比利亚半岛和英国的传播情况时，人们就已经走出了非黑即白的争论怪圈。文化变革往往与移民迁徙一同发生，但即使没有移民，文化也不会一成不变。

普热瓦利斯基（Przewalski）马不再是野生的

许多马和草原移民一起迁入欧洲，至少我们发现了大量这一时期的马的骸骨。在辽阔的大草原上，马是一种理想的交通工具，毕竟长途跋涉和看护规模庞大的牛群并非易事。再配备上轮子和车，游牧民就拥有了当时最快捷的运输工具。人类历史上第一次使用马匹作为动力是一个具有决定性意义的技术创新，草原民族因此能够前往西方世界。

现今保存下来的最古老的生物DNA就来自一匹马，它躺在阿拉斯加的永久性冻土中，死于75万年前。这种野马最初可能是被5700年前里海北边大草原上博泰文化时期（Botai Kultur）的人驯化。在随后的颜那亚文化中，家马成为人们日常生活中必不可少的一部分。长久以来，人们一直怀疑，草原野马也来到了欧洲，赶走了欧洲当地野马。根据这种理论，今天的欧洲家马应该是博泰马（Botai–Pferde）的后代。然而，古老的欧洲野马基因却在一种名为"普热瓦利斯基"的马中被保留下来。因此，自20世纪起，欧洲各国就采取各种措施来保护普热瓦利斯基马。20世纪初，普热瓦利斯基马几近灭绝，而现在，它们的数量又恢复到数千匹。

通过比较不同种类马的基因，我们发现，起源论学说并不准确。现代家马不能追溯至博泰马，而普热瓦利斯基马可以。基因分析显示，普热瓦利斯基马不是幸存下来的古老欧洲野马，而是已经被驯化的博泰马——看起来，它们又恢复了野性，就像起源于西班牙家马的北美野马（Mustang）一样。草原移民似乎更加喜欢欧洲野马，他们凭借积累起来的丰富经验，在几百年的时间里将这些野马彻底驯化。到目前为止，人们还不清楚欧洲野马到底来自欧洲的中部地区还是东部地区。但可以确定的是，我们今天依然骑着这种马的后代。不过，当人们计划按照普热瓦利斯基马的标准保护可能的最后一批欧洲野马时，它们已经永远消失了。

男性的优势

草原移民到来后的最初几百年里的遗传结构变化不仅证明了移民在数量上的优势，也揭示了该族群的性别比例。青铜器时代欧洲居民的线粒体DNA就能说明这一点。假如很多女性从草原迁徙而来，并且促使遗传结构产生转变，那么下一代遗传自母亲的线粒体DNA应该由草原基因成分占据主导地位。但事实却刚好相反，欧洲居民后代的大部分基因变化都发生在Y染色体上，即只能由父亲传给儿子的那一部分基因组上。80%~90%青铜器时代的Y染色体直到此时才在欧洲现身，而它们早就出现在草原上了。这两个证据都说明了同一个情况：来自草原的男人抵达中欧地区，和当地女人生了很多孩子。基因分析结果显示，草原的移民队伍里80%的人为男性。

根据我们所有人的经验，早先定居于欧洲的男人对此并不会感到高兴，因为他们不得不与这么多身材高大的骑士展开竞争。他们之间常有暴力冲突，最让人震惊的一个例子就是已经被撰写成书的《犯罪地点厄洛》（*Tatort Eulau*）。该事件发生在大约4500年前，屠杀地点是今天的萨克森–

安哈尔特地区。新来的移民当时已经在中欧地区过上了安稳日子，并且一再从其他男人手中诱骗女人。8个小孩、3个女人和2个男人在一个名为"厄洛"的地方被残忍处决，箭直接射进他们的心脏。这次袭击的目标是绳纹陶器文化人群的定居点，即那些具有草原移民背景的人。在受害者身上发现的箭头显然来自新石器时代的"老前辈"。德国联邦刑事犯罪调查局的探员也对《犯罪地点厄洛》描述的犯罪现场进行了实地勘查，认定这是一次屠杀行为，参与其中的弓箭手肯定具备相当优秀的技术。

关于这些凶手杀害妇女和儿童的原因，我们只能猜测。《犯罪地点厄洛》倾向于一种令我们毛骨悚然的解释。该解释建立在对一名女性受害者的DNA分析的基础之上——她的DNA中没有草原基因成分，虽然她生活在绳纹陶器文化人群定居点，并且明显还在那里生育了孩子。她似乎来自外面。这场屠杀可能是一次复仇行为，要么是对女人复仇，因为这些女人离开了她们的族群；要么是对男人复仇，因为这些男人抢走了女人。然而，这个故事还是有所保留，因为考古遗传学家只检测到女性的线粒体DNA。只有完整的基因组才能告诉我们这些女人身上是否真的没有任何草原基因，以及这些受害者之间有着怎样的亲属关系。

直到今天，跟随移民一起来到欧洲的Y染色体依然是这片大陆上最主要的染色体,因此,相当一部分欧洲人可以追溯至大草原的"男祖先门"。在迁徙过程中,一条基因界线将欧洲划分为西部地区和东部地区。虽然欧洲各地的男人们大多携带这种来自草原的Y染色体,但欧洲的西部地区和东部地区占据主导地位的亚类(Unterform)Y染色体却并不相同:大约70%的西欧男性携带单倍群R1b的Y染色体,大约一半的东欧男性都携带单倍群R1a的Y染色体。虽然不应该高估单倍群的意义——将线粒体DNA的世系和Y染色体的世系都整合在了一套谱系里——但它们与考古发现惊人地吻合。单倍群R1a占优势的地方是绳纹陶器文化所属区域,与此同时,单倍群R1b主要出现在钟杯文化区域。这可能完全是巧合,然而值得一提的是,从分别拥有单倍群R1a和R1b男性的分布范围来看,它们各自在德国占据数量优势的地区的分界线正好也是东德和西德地区之间的地理分界线。

牛奶是关键

尽管草原移民给欧洲带来了前所未有的基因剧变,可是文化方面的变革并不像大约8000年前农民从安纳托利亚迁入时那样深刻。那次是农民遇到狩猎采集人群,这次是牧民遇到农民。虽然5000年前,欧洲许多地区都存在一个长达150年之久的考古空白,但这段时期过去后,欧洲又恢复了和之前相似的聚落结构。新来的定居者和他们的前辈们一样,都生活在村子里,耕种四周的土地。除了青铜制造技术,那些从东边来的牧民至少还在另外一点上不同于西边的农民——他们都热衷于放牛。不过,传统农民一般不会饲养超过两头牛,而新移民却拥有一大群牛。欧洲肥沃的土壤为新移民提供了新机会。吃完某处的草后,他们不再需要带着牛群四处搬家,而是安定下来,在固定地点进行大规模牲畜养殖。人们的饮食结构随着欧洲农业的巨大变化而改变。显然,这一改变也反映在欧洲人的基因上。

当然,8000年前的奶牛和今天日均产奶50升的高产型奶牛是没法比的。一头新石器时代的奶牛每天最多可能产2升奶,即便人们很早就针对它们进行了基因优化,比如培育良种。到了中世纪,奶牛的日均产奶量可能也只有15~20升。然而,5000年前,进入奶牛主人胃里的牛奶只是这头奶牛产出的2升奶中的很小一部分——大部分牛奶都给让奶牛一直产奶的牛犊喝了。如果将剩下的牛奶分给奶牛主人一家,也许还不够每个人喝一杯。这样也好,因为当时欧洲人的身体还没有强壮到可以承受大量牛奶。

直到今天，还有很多人喝不了牛奶，因为他们是乳糖不耐受体质。与人们通常以为的相反，这不是一种过敏反应，也不是一种疾病，而是所有成年哺乳类动物都具有的某种原始基因状态：人的身体就像一台机器，根据出厂设置，只有儿童才能消化奶类。儿童的小肠吸收奶中的乳糖，然后在消化酶的帮助下分解乳糖。成年后，人体就不再产生这种酶，于是奶失去了营养物质的特性，因为它含有的糖分无法转化为能量。这时候，分解乳糖的变成了直肠里的细菌，分解过程会产生气体，最终的结果就是腹泻和胀气。虽然不会引起危险，但这些症状却令人感到不适和疼痛。从进化的角度来看，该基因程序的设计有着重要意义，否则，在以前食物不足又没有其他食物来源的情况下，婴儿们可能要与他们的家庭成员，比如父亲，一起争抢母亲的奶水。当然，那时候还没有保护婴幼儿的法律措施。

如今乳糖不耐受的人也可以放心地喝奶了，药店里就有大盒乳糖酶在售。欧洲北部和中部地区的大部分成年人都不需要这种药，因为他们体内负责停止制造酶的基因已经发生变化。获得该基因变化的人在成年后，体内依然会产生乳糖酶。随着奶类供应在欧洲逐渐增加，这种突变也变得越来越普遍。而在此之前，这样的改变并不是必需的。即使是乳糖不耐受的人也可以每天喝一杯奶，没什么大问题，尽管他们只能吸收奶中的脂肪和蛋白质，不能吸收宝贵的乳糖。当能够提供更多的奶时，乳糖耐受便成为一个具有进化意义的优点。涌入大量草原牧民的欧洲中部地区就是典型例子。乳糖耐受也许不是由移民带来，而是被他们推动的，因为他们高超的放牧技术和茂盛的牧场让欧洲牛奶消费量大幅度增长——无论如何，目前我们还不知道有哪些颜那亚人成年后依然能保持乳糖耐受。

随着畜牧业的发展，乳糖耐受方面的基因突变也从整个欧洲中部地区传播开来，速度之快是其他任何突变都达不到的，包括肤色变化。这种变化在今天的欧洲北部地区最普遍，现在那里最多只有20%的人乳糖不耐受。越往南，人们的乳糖耐受度越低。就欧洲而言，巴尔干半岛和伊比利亚半岛的乳糖耐受度最低。从全球来看，撒哈拉以南的非洲大片地区、东南亚以及南美洲地区的乳糖耐受度最低。非洲和南亚地区也有一些族群的乳糖酶基因发生了突变，但这些变化的产生与欧洲基因变化无关。因此，对奶制品的适应似乎已经在世界范围内发生了好几次。

巴尔干半岛上乳糖耐受人数之低尤其令人惊讶，毕竟第一批欧洲农民8000年前就带着他们的奶牛定居于此了——显然，该地区具有形成乳糖耐受的良好条件。巴尔干半岛一直保持的传统饮食偏好也能说明这一点。由酸奶、水和盐混合而成的饮料艾兰（Ayran）是这里十分流行的一种饮品。此外，酸奶同样很受当地人的喜欢，羊乳酪还是热门出口产品。数千年来，这些奶制品深刻地影响了当地人的饮食习惯，就像意大利一样——大部分意大利人也是乳糖不耐受体质。对于这一现象的解释很简单：上述酸奶和奶酪都经过发酵，在制作过程中，乳糖已经被细菌分解掉了。欧洲南部地区温度较高，人们食用的奶制品基本上都被细菌预先"消化"过。这一点在北部地区则完全不一样：北部地区奶制品的保鲜时间比较长，因此，分解乳糖就需要人体组织自行完成了。

大规模牲畜饲养的开始

乳糖耐受并不是农业发展带来的一个有趣的连带效应，相反，基因数据显示，与体内没有发生这种基因变化的人相比，带有该特征的人通常会有更多后代。一个或多个成员是乳糖耐受体质的家庭可以获得额外营养来源，这不仅提高了他们自身的健康水平，也增加了后代数量。尤其在欧洲北部地区，乳糖耐受很有用处。毕竟北部地区的土地不如南部地区肥沃，但十分适合放牧。为了弥补食物的匮乏，人们可以利用营养丰富的牛奶来获取能量。因此，与罗马人相比，凯尔特人和日耳曼人明显更能喝牛奶。

草原移民到来后的几百年里，畜牧业的地位不断提高。农民改进种植技术，养活了更多人，人口数量持续增长。欧洲正在崛起。繁荣兴盛的钟杯文化和绳纹陶器文化在安葬仪式、兵戎技术和陶器风格方面有明显区别，但在其他方面却越来越趋于相近。有限的资源不仅引起了两大文化圈成员的竞争，也促使他们建立起联系，开始贸易往来。得益于马匹、轮子和车的使用，货物能够被运输到更远的地方。4200年前的青铜器时代，一个崭新的时代正在向我们走来。显然，不同地区的人能够更轻松地交流这一点也推动了时代发展。新的语言似乎也跟随着草原移民一起踏上了这片大陆。终于，人们在欧洲可以使用同一种语言说话了。

第六章
欧洲人找到了一种语言

死人说不了话。

英国人不会斯拉三语。

语言也在变化。

答案在伊朗。

语言成为一种政治。

无法说话的骸骨

今天，全世界一共有大约6500种语言。语言学家已经细致地研究了它们，从语法到词汇，任何一个小角落都没有放过。几乎所有关于语言起源的知识都建立在一种古老而丰富的记录，以及如今超过70亿人如何使用这种文化遗产的基础上。虽然人类以这样独一无二的复杂形式进行交流的能力根植于我们的基因中，但人类的骸骨却无法告诉我们，它们的主人过去怎样开口说话。尽管如此，近年来的基因研究还是在这个方面取得了一些进展。目前我们可以借助语言谱系清楚地解释当今的语言是在什么时间、以何种方式传入欧洲和亚洲的。语言谱系分析的结果表明，草原移民给欧洲带来了一个全新的语族，今天欧洲大陆上的大部分语言都源自这个语族。然而，草原只是一个中转站。人类现代语言的起源似乎是亚美尼亚、阿塞拜疆和土耳其东部地区以及伊朗西北部地区。

我们今天听到的爱尔兰和希腊、葡萄牙和俄罗斯之间的绝大多数语言都有一个共同起源。虽然这是学校教给我们的知识，但日常生活经验让我们感触更深。在巴伐利亚州或萨克森州部分地区，一个村庄的居民听不懂旁边7个村庄的居民说的话，更不用说整个德语区各种复杂的语言变体了。尽管如此，如今欧洲许多语言的历史联系却十分紧密，它们都属于印欧语系大家族：菩法尔茨语和低地德语属于同一语族，冰岛语和印地语也属于同一语族。从印度和伊朗横跨欧洲大陆至冰岛，在这一大片地区，除巴斯克语、匈牙利语、芬兰语、爱沙尼亚语以及欧洲东北部的一些小范围使用的语言外，大部分语言的语法结构和大量词汇都可以追溯至同样的起源。如果向前追溯得足够远，在过去的某一个时间点，我们可能会发现所有印欧语言的共同来源，即名为"原始印欧语"（Proto-Indoeuropäisch）的原始语言。

当然，这只是一个理论上的构想。我们永远不会知道原始印欧语听起来是什么样子的。死去的人无法说话，语言学家们只能研究保留下来的文字记录。然而，等到书面文字出现时，印欧语系明显已经分化。文字记录提供了研究这一语言的线索，但只有"蛛丝马迹"。关于印欧语系的起源和传播的研究目前仍然停留在理论上。对此，考古遗传学一开始也无能为力，但与考古学发现结合在一起，某些语言学理论变得更有竞争力。

关于印欧语系是如何传入欧洲的，最近几十年来，语言研究领域主要有两种对立的理论。一种理论认为，印欧语系在8000年前和新石器时代革命一起迁徙到欧洲；另一种理论则认为，印欧语系在5000年前和草原移民一起迁徙到欧洲。在这两次具有划时代意义的移民浪潮被基因技术证实前，此两种理论就已经存在了。草原假说认为移民潮是一次"被迫迁徙"，而这也正是该假说长期以来不被考古学界认可，尤其不被德语考古学界认可的原因。传统观点更倾向于新石器时代假说：随着农业发展和技术革新，印欧语系来到了亚欧大陆的西部地区。这一理论不以发生移民潮为前提，而是认为语言和其他文化以及技术一样，是由一个人教给另一个人的。

过去几年的考古发现为这场讨论带来了新的素材，但仍不足以结束这一争论。现在我们虽然明确地知道，8000年前和5000年前都有过大规模的移民浪潮，并且这两次移民浪潮赶走了大部分当地居民。然而，到底是哪一次移民浪潮带来的印欧语系，我们还不得而知。在我看来，目前最有说服力的模型是：草原移民迁入欧洲的同时，我们加入了印欧语系大家族。

圣托里尼火山爆发

回顾一下古希腊语或许可以帮助我们了解印欧语是如何产生的,当然,这必须是很早的古希腊。最近几个世纪里,勤奋的语言学家不仅揭示了印欧语言之间的亲属关系,也破译了世界上已知最早的文献。他们指出,目前保存下来的最古老的印欧语言是3200年前生活在安纳托利亚地区的赫悌人(Hethiter)的语言。这一名为"迈锡尼语"(das Mykenische)的语言在100多年前就已经为世人所知,它是目前已知的欧洲大陆历史上最悠久的一种书面语言,也是古希腊语和古罗马语以及今天希腊语的前身,由"线形文字B"(Linear B)写成,使用者主要是迈锡尼文化区的人。[23]大约3600年前,迈锡尼人建立起了欧洲第一批高度发达的文明。这些人居住在希腊的伯罗奔尼撒半岛上,他们虽然不是希腊人唯一的祖先,但也是祖先之一。克里特岛上存在另外一个高度发达的文明——米诺斯文明,它出现的时间甚至比迈锡尼文明还要早一些。米诺斯人(Minoer)使用另外一种被语言学家称为"线形文字A"(Linear A)的文字。"线形文字A"和"线形文字B"听起来很像,那是因为米诺斯人和迈锡尼人不只在抵御方式和文化上十分相近,他们使用的文字也十分相似。不过,专家至今只破译了线形文字B,对于线形文字A的含义,他们的破译工作一直没什么进展。关于线形文字B,我们知道它属于印欧语系,是希腊语的前身,而线形文字A很可能不属于印欧语系,否则它不会如此难以破译。

那么,在两种相邻的、联系密切的文化之间,书面语言的巨大差异到底意味着什么?近年来,为了从根本上探究这个问题,我们分析了希腊各个岛屿以及环爱琴海周边地区居民的DNA。研究表明,米诺斯人和迈锡尼人都是新石器时代安纳托利亚移民的后裔,这两个族群有着相近的血缘关系,但也存在十分明显的基因差异。生活在希腊主岛上的迈锡尼人的DNA携带来自大草原的成分,而米诺斯人却没有。草原基因成分抵达了迈锡尼人生活的希腊主岛上,却没抵达米诺斯人生活的克里特岛。因此,相邻文化圈的不同语言或许可以用移民的迁入进行解释——迈锡尼语显然是从大草原传播到希腊的,因此它是一种印欧语言。线形文字A很早就已经消亡了,今天克里特岛居民主要使用的语言是希腊语,这也许和圣托里尼岛上的火山喷发有关系:3600年前,火山喷发很可能导致米诺斯人走向衰落,迈锡尼人接管了克里特岛。

米诺斯语并不是被印欧语系取代的唯一语言。同样的情况还有伊特鲁里亚语（Etruskisch）。作为一种拥有书面文字并被传承下来的语言，随着罗马帝国的不断胜利前进，伊特鲁里亚语也从今天的意大利北部地区消失了。但仍然有两种非印欧语系的语言从那时起一直保留到了现在，一种是撒丁岛上的古撒丁岛语（Paläosardo）——撒丁岛上一些村庄、河流和山川的名字显然不是源自印欧语系；另一种生命力持久的语言是巴斯克语，西班牙北部地区和法国南部地区直到今天都还在使用这种语言。其他一些非印欧语系的语言使用地区包括斯堪的纳维亚半岛、巴尔干半岛、俄罗斯北部地区以及匈牙利。正如相关历史文献记载的那样，这些非印欧语系的芬兰-匈牙利语言可能是在印欧语系确立后才从亚洲北部地区来到欧洲大陆的——公元前2000年前后来到斯堪的纳维亚半岛，公元1000年前后来到今天的匈牙利。

英国没有斯拉夫语

印欧语系建立前，欧洲人讲什么语言呢？为了回答这个问题，让我们先看一下古撒丁岛语和撒丁岛人，他们被认为是欧洲仅剩的一个拥有几乎100%安纳托利亚农民基因的后裔族群。在他们的基因里，研究人员并没有找到狩猎采集人群的基因成分,这意味着安纳托利亚的移民到来前,没有人或者几乎没有人居住在地中海的岛屿上。古撒丁岛语可能直到2000年前才踏上撒丁岛,它的前身也许是一种8000年前从安纳托利亚地区迁徙而来的语言。但我们无法推断出,是否所有新石器时代的欧洲语言都是在8000年前传入,以及这些语言是否受到狩猎采集人群语言的影响。考古遗传学家并不认为安纳托利亚人在沟通和交流方面迎合了狩猎采集人群,即接受一种在他们看来也许代表着落后文化的语言。历史和现实经验告诉我们,这种情况是不可能的。不过,狩猎采集人群可能在平行社会里保留了他们自己的语言。

巴斯克语因此很偶然地变成了一颗来自欧洲狩猎采集时代的语言遗珠,但这一观点并没有得到相关基因数据的证实。虽然巴斯克人比居住在欧洲中部地区的人拥有更多的狩猎采集人群基因,但在他们身上占主导地位的明显还是农民和牧民遗传基因。基因分析结果显示,早期巴斯克农民体内来自安纳托利亚的基因成分占据的比例非常高,甚至高于今天安纳托利亚地区的居民。所有这一切都表明:巴斯克语、古撒丁岛语、米诺斯语以及伊特鲁里亚语的确都是在新石器时代来到欧洲。然而,欧洲人到底使用过多少种语言,我们这些后人也许永远都无法得知。

上述发现能够否定安纳托利亚农民是印欧语系的建立者吗？这未免也太不符合逻辑了。5000年前，欧洲又出现了一次移民浪潮，或许它可以告诉我们哪种语言和这个发生在稍晚时期的移民运动一起到达了欧洲西部地区。一些赞成安纳托利亚是印欧语系起源的专家认为，这种语言有可能是斯拉夫语——印欧语系的一个分支。根据该观点，印欧语系在8000年前从安纳托利亚开始，不仅向西传播到了欧洲，也向北传播到了黑海北方的大草原。欧洲在新石器时代形成了印欧语系的语言分支，大草原地区同时也产生了斯拉夫语，并在5000年前扩散到欧洲。然而，这和目前已知的事实完全不吻合，即迁徙到今天英国地区的草原移民赶走了90%的当地人口——研究人员并没有发现斯拉夫语给这个岛国使用的语言带来了什么影响。

我们应该明确一点，原则上，这些间接迂回、相互影响以及延后发展的情况都可能出现在语言的发展进程中。语言很少从A直接到B，然后再到C和D。与人类携带的基因一样，语言是多种因素共同作用的结果。本书同样遵从这一基本观点，在我们的理论中，草原也是印欧语系传播的中转站，只不过是以一种与上文讨论的模型不一样的方式发挥作用。

语言是数学

  经过多年研究和无数讨论,围绕着对不同解释方法的验证和怀疑,我和位于耶拿的研究所的同事们共同提出了一种混合理论。在该模型中,我们将最近几年收集到的基因数据(这些数据来自石器时代和青铜器时代欧洲移民浪潮出现前)与研究历史语言学的方法进行结合。遗传学的检验方法也可以用在语言学上,因为"变异会发生在一个相对不间断的过程中"既适用于DNA,也适用于语言。通过两个个体的DNA,遗传学家可以推断出他们最近的共同祖先生活在什么时候。在语言学中,人们会观察联系紧密的同源词,比如德语"梯子"(Leiter)和英语"梯子"(ladder),然后大致估算从一个共同的词源到两个不同的变体需要经过多少次变化。这些变异率是从多种印欧语系的数千个词汇中计算得出的,语言学家甚至根据这些词汇绘制了一份语言谱系图,以显示哪些语言在何时产生了分支。语言谱系图看起来与人类族群谱系图没有太大区别,如德语、丹麦语和英语的共同始祖就比德语和意大利语的共同始祖更晚出现。

  位于耶拿的研究所的同事鲁塞尔·格雷(Russell Gray)

继续优化完善了上述方法，他成功地将以最早的印欧语言文字记录为起点的语言谱系图延伸至更早的过去。为此，格雷专门研究了目前已知的最古老的印欧语言之间的差异，包括迈锡尼语、赫梯语、古希腊语和古拉丁语，并计算出这些语言自出现分化以来发生变异的频率。根据计算，最晚出现的所有印欧语言的共同始祖大约形成于8000年前。

自2003年以来，该数字就备受争议，它显然意味着印欧语言和安纳托利亚农民一起参与了向西的迁徙。可是根据过去几年的基因数据，这种说法并不合理，因为使用印欧语的国家不只有欧洲，还有印度、阿富汗和巴基斯坦等。虽然大约8000年前，农业已经从新月沃土开始，分别向东、西方向扩散，但如果印欧语系起源于这一期间，那么新月沃土东部地区和西部地区的人在此期间一定使用了同样的语言，或者（至少）是非常相近的同语系语言，因为印欧语同时向两个方向并行扩散。很长时间以来，我们都没有理由怀疑这一理论，毕竟位于今天的以色列和伊朗之间的新月沃土地区的确形成了一个统一的文化圈。然而，基因信息却表明，新月沃土地区东、西两边的居民属于两个完全不同的族群。就我们目前所知，他们之间的差异就像今天的欧洲人和中国人那样大。因此，这两个族群应该在很久以前已经分化，和他们一起分化的还有他们的语言——印欧语的起源至少应该追溯至1.1万年前，而不是8000年前。"安纳托利亚起源学说"的变体不再成立。"草原起源学说"理论也有类似的问题，因为所有印欧语言的共同始祖形成于8000年前的观点并不符合理论模型。该理论认为，位于黑海和里海之间的迈科普文化（Maikop-Kultur）是印欧语系的最终起源，而迈科普文化的存在时间却不超过6000年。

印欧语系的谱系图

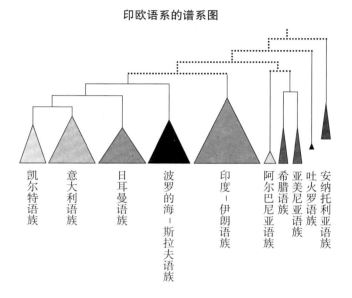

凯尔特语族　意大利语族　日耳曼语族　波罗的海–斯拉夫语族　印度–伊朗语族　阿尔巴尼亚语族　希腊语族　亚美尼亚语族　吐火罗语族　安纳托利亚语族

根据位于耶拿的研究所提出的混合理论，印欧语系起源于今天的伊朗境内。安纳托利亚语族和吐火罗语族（当时使用吐火罗语的人主要生活在中国西部地区）如今已消亡。

起源在伊朗

尽管如此，印欧语系还是很有可能在5000年前从大草原进入欧洲的，因为今天所有讲印欧语的地区（伊朗、阿富汗、巴基斯坦以及欧洲）的居民身上都有很大比例的草原基因，准确地说，是在新石器时代从今天的伊朗境内来到里海北部大草原的基因成分。印度次大陆——容纳了全世界六分之一的人口——北部地区的人携带着构成他们三分之一DNA的草原基因成分，而该比例在南部地区则小得多。这一情况也完全符合语言的分布。印度南部地区主要讲不属于印欧语系的德拉威语，北部地区则相反，主要讲一种印欧语系的分支语言——印地语。想要弄清楚8000年前印欧语系的共同起源与5000年前移居欧洲的移民的关系，这个地区是关键所在。

从新月沃土地区东边开始的农业传播也被称作"伊朗的新石器时代"，因为它虽然和安纳托利亚农民的扩张活动同时开始，但没有受到影响。当时的人类从今天的伊朗境内出发，向东抵达印度北部地区，向北越过高加索山脉。大约8000年前，从伊朗迁徙而来的新石器时代的人成为今天的巴基斯坦人、阿富汗人、印度北部人以及颜那亚人的祖先，印欧语系可能就是这样扩散到这些地区的。然后在5000年前，印欧语系又随着颜那亚人一起前往欧洲。因此，正如支持"安纳托利亚起源学说"的学者们猜想的那样，印欧语系起源于新月沃土地区，但不是在西安纳托利亚和中安纳托利亚，而是在伊朗北部。支持"草原起源学说"的学者们认为印欧语系从里海北部的大草原传入欧洲，这种猜想其实并没有错，只不过印欧语系的发源地确实不是大草原。

根据我们提出的理论模型，安纳托利亚在印欧语系语言史中扮演着重要角色。新石器时代的语言很可能在8000年前从安纳托利亚迁入欧洲。基因信息表明，大约6000年前，伊朗的新石器时代人到达安纳托利亚时，当地农民使用的语言也遭到排挤。因此，安纳托利亚移民带来的语言在欧洲可能依然占据统治地位，而安纳托利亚地区自身却已经采用印欧语系的语言。另外，土耳其是当今国内只有少数群体才说印欧语言的国家之一。土耳其语是突厥语族的一个分支，讲突厥语的地区从土耳其经阿塞拜疆和乌兹别克斯坦，一直延伸到阿尔泰地区。对安纳托利亚来说，从11世纪讲突厥语的战士入侵这片地区开始，印欧语语言史就落幕了。然而，今天的土耳其仍有20%的居民说印欧语，其中包括库尔德语（Kurdisch）和扎扎其语（Zazaisch）。

语言作为统治的工具

　　草原移民到来后，欧洲的北部和中部地区逐渐产生了一系列日耳曼语言，除了英语和德语，还有阿非利堪斯语（Afrikaans）——一种诞生于非洲南部地区殖民时期、至今仍在使用的语言。此外，说起意大利语，就不得不提"通俗拉丁语"。今天罗曼语族中几乎所有语种都可以追溯至通俗拉丁语。也别忘了波罗的海–斯拉夫语和凯尔特语。不列颠群岛的一些偏远地区以及布列塔尼半岛还保留着这两种语言，它们在钟杯文化时期的欧洲西部地区被广泛使用，直到罗斯帝国向欧洲西北部地区扩张。阿尔巴尼亚语和亚美尼亚语都拥有独特的身份，因为它们是印欧语系中它们这一类语言的唯一代表，即没有更进一步分支的独立语族。希腊语族中当前唯一还"活着"的希腊语同样如此。印欧语的另一个大语族——印度–伊朗语族——则分布在中东地区。

　　目前全世界大约有30亿人使用印欧语系，作为最重要的语系，它跟随欧洲人的殖民活动传播到澳大利亚、部分南亚和非洲地区以及美洲大陆——在部分南亚和非洲地区，这些欧洲语言至少是"第二语言"。每个试图去理解印度英语（更不用说也属于印欧语系的印地语）的人都会注意到语言的高速发展。法国的法语和其海外领地或者非洲的法语存在明显区别，西班牙语也是一样。

如果语言是静态的，那么人们现今只需要掌握拉丁语就能在欧洲南部地区进行深度跨国旅行，或者还能更加方便——使用原始印欧语来环游世界。如果语言不是静态的，父母则会很沮丧地发现，他们有时已经听不懂由他们一手带大的孩子所说的话。实际上，当下的语言变化远没有以前那样快，因为人们在很早以前就已经确定了规范的标准语。例如，西班牙语500年前已经借助早期文字成为一种相当稳定的语言。在德国，这一发展始于路德（Luthers）的圣经翻译，一套完整的书写规范随着19世纪《杜登辞典》（Duden）的出版而建立起来。时至今日，对欧洲产生深刻影响的标准语早已与他们共同的印欧语原语言相差甚远。受英语强势地位影响，在经历了一段漫长的分化时期后，语言融合的趋势如今可能会再次出现。

5000年前，欧洲的语言格局最后一次因为移民浪潮而发生翻天覆地的变化。罗马人虽然将他们的罗曼语带到了大西洋和黑海沿岸地区，但他们并没有大规模迁移到那里。

大量草原移民带给欧洲语言的意义就和他们的基因一样，为我们今天仍在居住的房子打下基础。然而，对房子进行扩建的不是移民，而是一些伟大的帝国。从公元前3000年开始，这些庞大帝国逐渐登场，改变了欧洲的历史。准备好迎接青铜器时代吧。

第七章

父权结构

欧洲实现了从石器时代到新时代的跨越式发展。

父亲继承一切,女儿离开定居点。

消费社会最单纯的形式。

法律空白的结尾。

青铜器带来的进步

草原移民造成的遗传结构变化可能是欧洲大陆有史以来影响最深远的一次"生命变革"。不过,更值得注意的是,文化方面的革新却并没有相应发生。虽然某些考古发现表明,欧洲大陆有一段长达150年之久的历史空白,引发了人们对该时期的各种猜测,但这段空白后,生活又像以前那样持续了很长时间。草原游牧民变成了定居农民,不只是生活方式,就连居所都和前辈们的十分相似。4200年前,青铜器时代登上历史舞台,欧洲中部地区也出现了新的文化变革,最终将欧洲大陆推向新时代。然而,与新石器时代革命不同,移民浪潮并未出现在这次革命前,开启新时代的是那些曾经在过去的600年里塑造了绳纹陶器文化和钟杯文化的人。基因还是老样子,而文化已今非昔比。

红铜时代通常被视作石器时代到青铜器时代的转型期。在这一时期,人们学会了采矿,从矿山的土壤里挖掘出质地柔软的红色原料。采矿技术发源于欧洲的巴尔干半岛地区，与之前的耕种和制陶等先进技术的发展方向相同，而制陶技术是铜器技术发展的前提：加工原料需要高温，陶器炉不可或缺。提炼和加工红铜只是一种过渡技术工艺。虽然可以用来制作首饰和轻型兵器，但经过锻造的红铜容易发生变形。其硬度得到改善要归功于锡——人类最终用锡和红铜炼制成了青铜合金。该技术在5000年前首先传入近东地区。新型金属合金铺平了通往未来的道路。此后，人类在制造武器、工具以及农业器械方面有了更大的可能性。对人类来说，青铜不只是一种新型材料，更意味着进入一个未知的生产领域。

红铜的开采和青铜的出现具有决定性的意义，但它们不是第一批高度发达文明产生的唯一先决条件——这一批发达文明的基础奠定于公元前4000年的近东和地中海地区，当时欧洲中部和北部一些地区的狩猎采集人群还在森林里游荡。幼发拉底河和底格里斯河附近已经出现了城市，比如乌尔（Ur）和巴比伦（Babylon）；在埃及，法老们的帝国蒸蒸日上；安纳托利亚的赫梯帝国与米诺斯人、迈锡尼人稍后建立的国家一起构成了欧洲第一批先进文明。

当时北方的经济还较为落后，但并没有处于封闭和隔绝中。公元前3000年，欧洲各个社会加强了贸易联系，青铜器在这个过程中起到了核心作用。南方具备精湛的青铜器制造工艺,却缺少锡的矿藏。锡主要分布在英国最西南端的康沃尔(Cornwall)地区、布列塔尼半岛、伊比利亚半岛的西北部地区以及埃尔茨山脉(Erzgebirge),远离文化中心。于是,一场热闹的货物和思想交流就像变魔术一样发展起来:锡进入欧洲南部地区,而作为回报,有关青铜冶炼的知识被传播到欧洲的北部和西部地区。这些材料及其制成品对社会、家庭和个人产生的影响越来越明显。整个社会逐渐向财产、等级制以及父权社会过渡,而这种过渡也通过基因技术得到了证实。奥格斯堡附近的莱希河(Lech)流域就是一个经典的案例。

父权制的发明

与今天的德国中部地区一样,莱希河流域是欧洲少数几个既生活着绳纹陶器文化时期的人,也生活着钟杯文化时期的人的区域。这两个群体有自己的定居点、习俗和丧葬仪式,可能还有自己的语言。大约公元前2200年,绳纹陶器文化和钟杯文化开始部分融合——英国是一个例外:一直到公元前1800年前后,英国还处在钟杯文化的影响下——并逐渐形成新的社会体系,例如以德国的中部地区为中心的恩杰特策尔文化(Aunjetitzer Kultur),它给后世留下了著名的由青铜材料制造而成的内布拉星象盘(Himmelsscheibe von Nebra)。早期青铜器时代文化也在这一时期的莱希河流域发展起来。

就生活方式而言,当时德国南部莱希河流域的居民与今天德国中部地区的居民十分相似。人们居住在农庄里,农庄通常由一栋房子、一座有其他生活用途的配套建筑物以及一间牲畜棚组成。死去的人被埋葬在农庄附近的墓地里。如今,将近4000年后,埋藏在坟墓中的DNA让我们能够了解那时候的生存状况。我们仔细检测了莱希河流域几十位死者的DNA,这些人死于公元前2500年到公元前1500年之间,即新石器时代向青铜器时代过渡的时期。我们对他们的DNA进行了测序,还对他们的牙齿进行了锶同位素分析——该分析方法利用了这样一个事实:在不同地区,不同形式的锶元素会通过食物(植物和动物)以不同比例进入人体骨骼。人类以前只能从自己所在的地区获取食物,因此,一个人身体内的锶同位素浓度可以显示出他来自哪个地区。人体骨骼中的某些部分,如臼齿上的珐琅质,形成于儿童时期,通过附着在上面的锶,我们能够确定这个人的一生是否都在同一个地方度过,又或者更换了生活的地点,过着一种漂泊的生活。这种方法对于当今人类已经不再适用，因为我们的大部分食物都不再是来自附近地区。

　　我们总共对莱希河流域埋葬的83名死者——26名男性，28名女性，其余为儿童——进行了锶同位素分析。按照预期，原住民和移民在成年男女中的比例应该相近。但事实并非如此，成年女性当中有17人（将近三分之二）来自外部，而男性中仅有1人来自外部。许多女性在十几岁时来到了莱希河流域，这不能用偶然巧合来解释。很明显，不同地区之间出现了有针对性的人员交流。如果我们研究的定居点确实是早期青铜器时代的典型，那么这就意味着该时期的两性关系有了新的变化：男性待在自己的定居点里，与他们结婚的女性通常来自外部——一个男人处于顶端的等级制度显然已经建立起来。

　　尽管如此，丧葬仪式并未表现出对女性有任何歧视。在一个家庭中，母亲和父亲的陪葬品同样多，而与墓穴主人没有关系的死者只有很少，甚至没有陪葬品——他们的社会地位看起来低一些，很可能是从外面来到这里工作的人，即外来劳动力。这种由核心家庭、奴仆或者雇工组成的家庭结构与后来希腊人和罗马人发展起来的家庭结构十分类似。通过基因分析，我们在一些家族墓里发现了连续五代男性。儿子的确继承了父亲的农庄，但我们还不能在基因上确定农庄是否由长子继承。有时候墓穴埋葬着好几个兄弟——年轻的弟弟们当然可以在定居点或其附近建立自己的农庄。基因信息展现了当时的父权制度和等级结构，这些制度、结构在青铜器时代就已经被确立下来，至今仍影响着人类的家庭和社会传统。

消费社会和大规模生产

随着青铜器时代的开始，不只是莱希河流域，整个欧洲都迈入一个新时代。铜被发现前，不算一直以来的石头和木头，人类能够加工的材料主要就是黏土——陶器制造虽然不是完全没有用处，但并不高级。与这种低端工艺相反，青铜的出现意味着技术和社会的巨大飞跃。从地下开采出原材料，然后在温度非常高的熔炉里将锡和铜冶炼成合金，只有专业化分工才能让这一切顺畅运行。参与青铜冶炼过程的劳动者包括矿工、熔炉锻造匠、冶金专家和流动的商人——这些商人负责将锡从欧洲偏远的地方运过来。

与青铜器时代相反，此前的新石器时代是"多面手"的时代。耕种和畜牧的知识十分零散，最多有几个制陶专家，但即使是他们也不具备专业技术。关于器械制造，石器时代的人或许不知道什么是资源短缺，可以用来制作工具和武器的木头和石头随处可见，俯拾即是。早期农民就生活在这样一种最单纯的消费社会里：他们消费了自己生产的几乎一切，他们拥有的物品的价值都在可控范围内。当然也有例外，比如罕见的金银首饰。但研究人员目前尚未发现有考古证据表明这些价值集中在单个家庭或者单个人身上，至少在欧洲中部地区没有。

不同于石头和木头，青铜无法从大自然中轻易获得，人们必须费力地冶炼才能得到，在这之前，他们还要先找到——或者说拥有——原料。铜矿丰富的地区越来越富裕，那些拥有更稀有的锡矿的地区也繁荣起来。来自康沃尔地区的锡矿石被带到欧洲大陆进行贸易，同样受欢迎的还有埃尔茨山脉的铜和锡。跨地区贸易已经存在很久，但这时候才算真正"开始"。欧洲各地区之间的贸易变得越来越频繁，贸易同时也促进了社会发展。有限的原材料和专业知识加剧了社会之间和个人之间的竞争。谁有货物，谁就要保护它；谁没有货物，谁就要想尽办法得到它。

除了新材料本身，人们使用新材料大批量生产的产品也是青铜器时代的一大飞跃。铸模由石头制作而成，借助模具，人们可以生产出完全相同的产品。这样的工艺技术过去从未出现过。对比一下石器时代的陶器制品，你便会对这些精致的青铜制品赞叹不已。为了理解批量生产是如何影响人类的，我们不妨用逆向思维设想一下，如果没有这种生产方式，当时的社会生活会是怎样。例如，附近建材市场上的每把锤子突然间形状各异。该时期的新产品不仅看起来一模一样，而且比之前的所有产品都更结实。这项新技术首先会被应用在哪里？我们完全可以想象出来——人类会使用新技术来制造更有威力的武器。

单打独斗的结束

自原始时代以来，人类就拥有了种类繁多的杀戮工具，比如专门用于狩猎的标枪、长矛、弓箭和小匕首（这些小匕首通常由木头和石头打造而成）。铜让人类拥有高质量的刀和戟的梦想成为可能，但受材料质地限制，这些兵器无法超出一定长度。只有青铜才能打造出长而且结实的刺杀武器，比如剑和新式标枪、长矛。得益于此，人类不仅能更好地进行杀戮，还能利用头盔、盾牌、铠甲或胫甲来实现更有效的防御。不是所有战士都能同等地配备这些宝贵的装备，不平等趋势进一步加剧。装备精良的战士明显占据优势，即使他的对手能派更多人来参加战斗。青铜器时代几乎不可避免地开始了军备竞赛。

战争冲突越来越频繁,导致征服与防御越来越多。然而不太符合逻辑的一点是,武器生产的迅速扩张却让生活变得更为安全,至少对那些不是士兵,也不必考虑为生存而战的人来说,青铜器时代的生活更安逸。早在新石器时代,某些欧洲中部地区的村庄就因为巨大的防御工事而闻名。为了抵挡抢夺耕地和牧场的侵略者,人们不得不躲在这些防御工事后面保护自己。青铜器时代初期的许多定居点完全没有这种防护。例如,莱希河流域的农庄沿着河流排列,甚至没有栅栏隔开。如果是1000年前,这种居住布局可能会显得非常轻率,因为它相当于直接将自己交给敌人。但事实上,居住在莱希河流域以及青铜器时代其他定居点里的人感到十分安全。

对此,军事制度的设立是一个可能原因——早期青铜器时代的某些迹象表明严格的军事制度的确存在。地区的统治者(通常也被称为"诸侯")会维护不同地区的稳定安全,他们有时候向领地内的居民收税作为"报酬"。这些税款不仅用于保证统治者自己的生活,也为己方军队的战士们提供资金。接受诸侯指挥、装备有标枪和长矛的步兵取代了以前常被赞颂的单兵战士。作为统治者,诸侯可以使用雇佣兵,或者在战争期间召集定居点的农民,向他们分发武器,将他们武装起来。抵御外部敌人的同时也要服从统治者,统治者当然也可以使用武器来对付内部敌人。这是第一次国家垄断武器的使用,可能的"法外空间"不复存在。农庄里的父权制很契合这幅景象,因为父权制就是一个小型社会契约。所有人不得违背家主的命令,相应地,一旦战争爆发,为了家庭成员的安全,家主必须赶赴前线,必要时甚至可以付出生命。

一个地区的统治者或许经常与其他地区的统治者竞争,但几乎不会永远处于战争状态。毕竟,从贸易中获利以及让自己领地内人口的生产力维持在较高水平更加重要。为了解决贸易和政治势力范围的问题,统治者之间必须交换信息。战争在这一时期可能是最后手段,只有当胜利的把握很大,并且可以占领有价值的大片土地或原材料时,统治者才会主动发动战争。

随着权力和资源逐渐集中,欧洲出现了一些和以前相比更庞大、更富裕、人口更多的国家,其中具有代表性的是恩杰特策尔。在这个大约持续了700年的文化里,恩杰特策尔的统治者被视作神一样的存在,至少他们的陵墓和陪葬品体现了这一点——陵墓里装满了武器和黄金。与之形成鲜明对比的是普通农民的坟墓,里面没有任何武器;战士埋葬时也不像统治者那样放松地平躺,而是保持蹲伏的姿势。恩杰特策尔的普通人无权拥有私人武器，斧头和戟等武器都属于统治该地的诸侯，发生战争时，诸侯会将武器分发下去。欧洲许多地区出土了当时的"藏品"，包括数百把刀、长矛和斧头。隐藏这些武器的原因显而易见——统治者必须提防他的臣民奋起反抗自己。此外，对农民将刀剑重新熔炼成锄头的担心可能也是统治者隐藏武器的原因。

新月沃土

公元前3000年，随着技术的迅猛发展，流动交换的时代开始了，军事争端的时代也开始了。新武器的发明和使用使杀戮的效率达到前所未有的高度。气候十分反常，反常的原因就是"4200年气候事件"（4,2-Kilojahr-Ereignis）——一个发生在大约4200年前的重大气候事件。该时期的地中海北部地区变得更加潮湿，欧洲北部地区却变得更加寒冷和干燥。近东地区的气候变化引发了剧烈的政治动荡和社会崩溃，尤其在今天的伊朗和伊拉克地区。位于此地的阿卡德（Akkad）帝国不到几十年就化为尘土，其国民为了生存而苦苦挣扎。根据考古学家的估计，在干旱持续的这300年里，大约有30万人不得不离开定居点。乌尔第三王朝期间，人们在帝国南部筑造了一条绵延数百千米的城墙来阻挡这些气候难民。然而，即使这样也无法阻止该王朝的灭亡（公元前2000年），高度发达的苏美尔文明随之瓦解。干旱期结束后，那些被墙挡住的人又在北边建立起一个繁荣的文明——巴比伦文明。这个文明没过多久便统治了整个地区。

"4200年气候事件"引发的动荡和随之而来的难民危机只是青铜器时代如何重新定义社会结构的例子之一——这种"重新定义"通常会对人类造成伤害。在公元前的第二个千年中，战争成为行使权力的常规手段，而接下来的一切我们再熟悉不过了。失败的敌人被杀死或奴役，更多致命武器系统被研发出来，劫掠、种族灭绝和强奸层出不穷。地中海东部集中了一些庞大帝国，它们的统治者派出上万人的军队参与战争，战车长途奔袭消灭远方的敌人。总之，世界局势变得越发复杂，冲突变得越发血腥。除了地中海地区，梅克伦堡–前波莫瑞地区的托伦泽山谷（Tollensetal）也饱受战争摧残。考古发现显示，大约公元前1300年，该山谷发生了一次2000~6000人规模的战斗，随后数百具腐烂的尸体使其成为人间炼狱。

根基还在

　　对于青铜器时代之外的研究，截至2019年春节，德国的考古遗传学在"现代化"的道路上并没有走太远。然而，考虑到这一学科的研究历史还不到10年，人们也许会觉得它其实已经走过很了不起的一段路程。在这段时间里，考古遗传学重新讲述了欧洲人的起源以及他们与尼安德特人的关系，确定了新石器时代革命的根源，还证明了来自大草原的移民浪潮发生在青铜器时代前——要知道，此前几乎没有人认为这件事情是可能的。

　　正如我们目前已知的，欧洲大陆分别在5000年前和8000年前经历了遗传结构的巨大变化，而这种巨变后来再也没有出现过。那些在历史的进程中曾经繁荣和消亡的庞大帝国也没能动摇欧洲大陆的基因根基。凯尔特人在鼎盛时期曾经控制了几乎整个阿尔卑斯山脉以北的欧洲地区、伊比利亚半岛甚至安纳托利亚部分地区，给这些地区带来了活跃的商品贸易和文化交流。尽管如此，欧洲人的基因根基依然"纹丝不动"。类似的还有罗马人，他们统治的疆域更为辽阔，人员流动更频繁，也没能改变欧洲人的DNA——但他们的确改变了欧洲的社会结构。

不过，还是有一些发生时间相对较近的人口迁徙活动得到证实，虽然这些证实借助的是一种完全不一样的方法。我们研究所的科学家们共同参与了该方法的研究，它最近帮助我们梳理清楚过去2000年里欧洲内部的族群迁徙活动。这种方法不再关注用于证明族群血缘关系的染色体上的常见突变，而是关注非常罕见的基因突变，利用这些基因突变区分不同的族群。例如，通过这种方法，最为人所熟知的族群迁徙事件之一——盎格鲁人（Angeln）和撒克逊人（Sachsen）移民到今天的英国——就能得到基因数据的证实。研究数据表明，今天超过30%的英国人是来自荷兰、丹麦和下萨克森州的移民的后裔，这些移民于公元5世纪迁入不列颠岛。可以肯定的是，考古遗传学在接下来的几年里肯定会深刻地影响欧洲的历史叙述。基于更先进的DNA分析方法，我们将能够描述后青铜器时代的人口迁徙活动。特别是关于族群大迁徙和中世纪早期这些时期，我们还能获得很多新鲜的、详细的认识。

当然，这并不意味着欧洲人的基因之旅已经"完整"了。许多证据表明，大量移民浪潮，无论是从外部来到欧洲的，还是发生在欧洲内部的，尤其是从大草原迁徙而来的这一次，都与欧洲疾病的历史紧密相关。细菌和病毒很早便跟随人类基因开始了它们的旅程，很可能比任何一个统治者都更深刻地改变了欧洲大陆的历史。很长时间以来，人类并没有发现这些潜在的"敌人"。得益于基因分析技术的发展，我们才得以慢慢深入了解这些"小恶魔"。

第八章

他们带来了鼠疫

跳蚤污染血液。

五角大楼提供最初的援助。

鼠疫来自东方。

马是怀疑对象。

尸块横飞。

欧洲关闭边界。

外来老鼠拯救欧洲。

人是新的蝙蝠

　　在欧洲的集体历史记忆中，还没有第二种疾病能像鼠疫一样让人如此毛骨悚然。如今全世界每年仍然会有2000~3000人死于鼠疫，但和以前相比，这已经算不上什么了。鼠疫如魔鬼一般的恶名主要源于14世纪。据估计，当时"黑死病"无情地夺去了三分之一，甚至可能二分之一欧洲人的生命，大量历史文献提到了吐血的病人和满是尸体的街道。当时许多人猜测，这场鼠疫或许会使人类灭绝。同样让人刻骨铭心的还有查士丁尼鼠疫（Justinianische Pest），最早的相关记录是在公元600年的埃及，很快它就蔓延至整个地中海地区。数百年内，该瘟疫不断卷土重来，数千次疫情都有文献记载。鼠疫就是人类的灾难，直到50多年前，抗生素开始广泛使用后，人类才不再恐惧。最近借助基因分析技术，我们终于知道这种曾经肆虐欧洲的鼠疫疾病到底来自何处，更重要的是，我们发现鼠疫传播的时间比之前猜想的要早得多：暴发于石器时代的鼠疫很有可能为里海北方大草原的移民铺平了西进的道路。

长期以来，黑死病就是科学界的一个幽灵。人们知道它是一种大规模暴发的、在1347—1353年曾经肆虐多国的瘟疫，却不知道它是否由鼠疫杆菌引起，或者是否还存在其他病原体，比如天花。2011年，位于图宾根的研究所第一次破译了历史上某次鼠疫的病原体的基因组，这是我们在伦敦的一个中世纪时期的公墓里发现的。伦敦是鼠疫的重灾区。据文献记载，因这场瘟疫而病亡的死者被埋葬在东史密斯菲尔德公墓（East Smithfield Friedhof）中。细菌在宿主体内大量增殖，死者血液里的细菌浓度很高，因此我们可以对病原体进行测序。我们特意采集了死者尸体骨架上血液供应充足的部分，即牙齿。借助在尼安德特人和其他人类骸骨上已经得到验证的方法，我们就能提取并破译鼠疫杆菌的基因组。

为了从根本上理解鼠疫杆菌，我们最好先忽略它给人类带来的致命危害。与其他所有生物一样，鼠疫杆菌基本上只对一件事情感兴趣——保证自身族群的延续，尽可能广泛地扩散出去。这种细菌寄生在外来生物体内部，并不断繁殖以寻找机会"殖民"下一个宿主。宿主死亡通常不是它们的目标，甚至反而是某种阻得。埃博拉病毒，这种我们已知最致命的病原体之一，就是一个经典案例。众所周知，埃博拉病毒致人死亡的速度非常快，因此它必须在极短时间内完成从一个感染者到另一个感染者的传播。由于病毒存活时间不长，来不及感染更远地区的族群，埃博拉疫情过去几次并没有大范围暴发。流感则完全不同，几乎每年都会有新型变异流感病毒从东南亚蔓延到全世界。因感染流感病毒而死亡的人非常少，但是它的传播范围却很广，每年的流感浪潮即可证明这一点。埃博拉病毒的致死性更强，与流感相比，它在进化上处于劣势，而这种劣势并不总能阻止"迅速暴发"，比如2013年年底的埃博拉疫情——该病毒第一次侵入多个国家，也许是因为人口居住密集，也许是因为新毒株的特殊性。但同样，杀死人类并不是埃博拉病毒的主要目标，而是它的附带伤害。鼠疫在很长一段时间里也是如此。

大约3万年前，鼠疫杆菌从它生活在土壤里的近亲——假结核耶尔森氏菌（Yersinia pseudotuberculosis）中分化出来。所有细菌都起源于土壤或水里，其中一部分在某一个时间点，比如生物体进食时进入生物体内。1万年前，人类在地球上的分布还很零散，因此不仅对鼠疫，对所有病原体来说，人类虽然是一个潜在的宿主，但不是一个特别有希望和前途的宿主。如果一个人感染了细菌或病毒，和他一起四处迁移的狩猎采集小团体通常也会感染，但传播可能也就到此为止。为了繁殖，病原体在人类历史开始前需要其他宿主，这些宿主大多是动物。蝙蝠便是新病原体最常见的来源之一。作为一种群居动物，数以万计的蝙蝠彼此紧挨着栖息在一起，它们的群落里到处滴着各种液体。病原体经由动物转移到人类被称作"人畜共通传染"，比如动物的粪便污染了人的食物或者人吃了被病原体感染的动物的肉。今天我们在人类身上发现的大部分病原体，可能都是通过动物传染给人类的。从进化的角度看，直到人类数量变得越来越多，并在一个封闭的空间里定居和生活，病原体才开始适应人类。与蝙蝠一样，人类现今也是一个适合寄居的宿主，因为庞大的群体规模确保了病毒和细菌能够有效传播。

病毒和细菌

病毒和细菌都会使人类和其他动物生病，这一点充分说明了这些不同种类的病原体的共同之处。细菌是一种喜欢聚集在养分最为丰富的地方的生物体，丰富的养分是它们繁殖的最佳条件，相应地，病毒只是一种分子结构组合包，自身不具备新陈代谢功能。人们也可以将病毒视作病原体中的"僵尸"：它们没有生命，却能驱动机体为其工作，继而在与生物体的接触过程中带来可怕的伤害。病毒不仅可以感染人类，也可以感染细菌，却无法感染病毒。

通常情况下，病毒是一种被包裹起来的DNA信息组，一有机会就会附着在人类的细胞上，例如，被吸入人体内的病毒通常附着在肺部的黏膜细胞上。成功附着后，病毒会将它的DNA信息包释放到人类细胞中，最终改变细胞的遗传信息。这样一来，细胞便无法复制自己的遗传信息，只能复制病毒的遗传信息。病毒逐渐扩散至全身，一旦引起免疫系统的注意，就会和受损的细胞一起被消灭。抗生素对付细菌的原理与今天通过接种疫苗来对付病毒的原理是一样的。在毒性减弱的病毒或病毒体的"训练"下，免疫系统能够立即发现并消灭病毒。如果没有接种疫苗，那么身体就需要很长的时间去采取相应措施，在此期间，病毒可能已经感染全身，健康状况会迅速恶化。

可怜的跳蚤

若想在人群中造成像黑死病一样恐怖的大灾难，能够引发瘟疫的细菌必须先让另一种生物成为它的工具。这种生物在传播疾病时会痛苦地死去。跳蚤就是最适合传播疾病的"工具生物"。几百年前大瘟疫暴发时，欧洲人的生活条件非常糟糕，几乎没有下水管道，居住环境十分拥挤，而且当时人们还没有养成卫生习惯来预防疾病。在乡村和城市里，粮食通常存放在阁楼上，街道上满是人畜粪便，乱窜的老鼠随处可见——这些老鼠是鼠疫病原体的动物宿主，引起鼠疫的病原体最初主要感染的可能就是啮齿类动物。当它们被人类吃掉、人类被它们啃咬或者接触了它们的排泄物之后，鼠疫会从啮齿类动物传染给人类。但只有少数鼠疫病原体的变异是致命的。因此，通过鼠蚤，鼠疫能够更轻易地在老鼠和人类之间传播——别无选择时，跳蚤也会叮咬人类。

　　跳蚤对于传播腺鼠疫至关重要。为了在哺乳动物之间传播，比如从老鼠传到人或者从人传到人，细菌需要找到一条合适的传播途径——首先进入跳蚤体内，再借助跳蚤进入其他生物体的血液中。问题是，跳蚤正常情况下不会放血，只会吸血。腺鼠疫杆菌完全克服了这一障碍，它的传染性基因产生变异，为细菌在跳蚤的胃部存活下来提供了条件。不过，对跳蚤来说，更糟糕的是细菌受部分传染性基因影响而在其前胃里形成了一层生物薄膜。这种堵塞跳蚤胃部的鼠疫菌块会感染接触鼠疫杆菌的任何液体。受感染的跳蚤的下一次叮咬就是痛苦折磨的开始——它们吸取的血液无法进入胃部，只能呕吐出来，被叮咬的人类或者其他动物因此患上鼠疫。

健康的跳蚤每天只叮咬几次，但被鼠疫杆菌感染的跳蚤每天会叮咬上百次——它们慢慢变得很饿，因此咬得越来越凶，完全无法控制自己，在人群和其他动物中造成大量新感染病例。鼠疫杆菌在患病生物体内不断繁殖，然后通过跳蚤或者作为肺鼠疫继续传播。垂死之人是鼠疫杆菌的重要工具，因为跳蚤只有吸食了含有大量细菌的血液——通常意味着致命的败血症——才能将疾病传播出去。鼠疫杆菌愿意和它们的宿主一起死亡——宿主的败血症让它们有机会感染新的宿主。

正是借由上述传播途径，这种鼠疫才成为臭名昭著的腺鼠疫。被跳蚤叮咬后，鼠疫杆菌会在淋巴结内繁殖，使淋巴结形成明显肿胀。不到10天，细菌便遍及全身，引起器官衰竭，最后引发致命的败血症。腺鼠疫患者四肢的颜色通常会变黑，该疾病也因此被称作"黑死病"。肺鼠疫是鼠疫的另一种形式，一种直接在人与人之间传播的继发性疾病。感染肺鼠疫后，患者的肺部会逐渐腐烂，并通过呼吸排出一些微小颗粒。如果这些小颗粒进入其他人的肺里，被感染者会在1~2天内死亡。

五角大楼的援助

　　造成鼠疫这样恐怖的传染和发病过程的罪魁祸首是鼠疫杆菌的基因突变——无论是黑死病的病原体，还是历史文献记载的第一次流行的鼠疫的病原体都具有这种基因突变。查士丁尼鼠疫从公元6世纪开始肆虐欧洲。据估计，这次鼠疫造成数百万人丧生，可能是造成西罗马帝国长期衰败的原因。2016年，我们获得一个对当时的腺鼠疫病原体基因组进行测序的机会，研究人员在慕尼黑附近的一排大约建造于公元6世纪的公墓中发现了该基因组，那里同时埋葬着一对一起死去的年轻夫妇。这为我们研究查士丁尼鼠疫提供了一个新视角：与历史流传的不一样，这场瘟疫不仅影响了地中海地区，也影响了阿尔卑斯山脉以北地区。

　　去伦敦的公墓寻找鼠疫基因组是一个显而易见的选择，因为伦敦是著名的鼠疫重灾区，许多被黑死病夺去生命的人都埋葬在这片大规模的公墓里。要想在慕尼黑附近找到查士丁尼鼠疫的痕迹可能需要更多一点的运气。很长一段时间以来，史前时代的鼠疫疫情就是没有任何文字记录的一片空白，几乎所有人都病死了。解决这个问题不只像在草料堆里找绣花针，研究人员甚至都不知道到底要去翻寻哪个草料堆。我们知道要在鼠疫患者的骸骨里寻找相关DNA，但除此之外，我们还必须知道，这些古老的病原体到底存在于哪具骸骨上，哪个死者是因为患鼠疫而去世的。我们也不清楚鼠疫在该时期是否已经开始传播。因此，通过当时的人类遗骸来确定鼠疫的基因组是一种对结果很没有把握的高风险研究方式，其费用更是难以承受。对每一具骸骨上的基因都进行测序的成本实在太过高昂，至少不久前依然如此。今天我们能够实现如此大规模的研究，还要感谢美国国防部。

2012年，五角大楼悬赏100万美元，鼓励科学家研发一套能够快速发现和归类细菌和病毒的遗传信息的计算机软件。美国希望能更好地应对生化武器的攻击。超过100个合作项目参与了这次竞赛，最后只有3个项目进入"决赛圈"。一个由三人组成的研究团队——其中包括我在图宾根的同事，生物信息学专家达尼埃尔·胡森（Daniel Huson）——最终在2013年秋季被选中，摘得桂冠，他们的项目是"降低国防威胁的机构算法挑战"（Defense Threat Reduction Agency's Algorithm Challenge）。为了将项目成果应用于考古遗传学上，胡森和我们位于耶拿的研究所的同事在此基础上又共同研发了一套算法，能够在24小时内将

10亿条DNA序列归类到其生物体来源。该程序可以分析出一具骸骨里的DNA有多少来自人类，多少来自微生物、细菌或病毒，甚至具体来自哪种生物。新算法的速度比旧算法快200倍，以前需要等将近1年才能得到的结果，现在1天就已经足够。

这种算法可以识别出研究人员检测的DNA是否含有一些已知的人类病原体细菌或病毒，当然，其有效的前提是被检测病原体与已知病原体十分相似，并且数据库中储存有已知病原体的序列——灭绝的未知病原体无法被识别出来。如果说这些微生物过去还是人类DNA测序过程中无用的废弃物，那么它们现在就是新方法的研究对象。我们研究所借助新算法分析数千具人类骸骨，结果不仅证实了鼠疫的存在，还证实了一系列其他种类的病原体的存在。

鼠疫随移民而来

得益于上述算法的发明，我们才能在2017年发现迄今为止最古老的鼠疫病原体。我们在超过500个来自石器时代的不同国家和地区，包括德国、俄罗斯、匈牙利、克罗地亚和波罗的海东岸的牙齿和骨头样品里找到了不少这种鼠疫杆菌。首先，最令人惊喜的是，出现在里海北部大平原的鼠疫病原体有4900年左右的历史，它们起源于将近5500年前，感染人类的时间比之前猜想的要早得多。因此，横扫欧洲前，鼠疫病原体在石器时代就已经来到欧洲门口。几乎在它们闯入的同一时间，草原移民也开始涌入欧洲。通过检测来自整个欧洲不同地区的人类骸骨，比如波罗的海东岸地区、克罗地亚、奥格斯堡和遥远的阿尔泰山区，3800~4800年前这段时间里的鼠疫得到了证实。大约3600年前，草原基因回流后，欧洲再次出现了这种疾病。疾病来源以及细菌固定的发展路径与人们绘制的草原移民迁移路线几乎完全一致。鼠疫和草原移民在同一时间前往西方，之后又在同一时间返回东方。这些石器时代的病原体不可能引起腺鼠疫，因为它们缺乏一种我们在查士丁尼鼠疫菌株和黑死病菌株中检测到的致病性基因突变。

鼠疫传播真的和人类迁徙有关吗？某些证据表明，早在人类的大规模迁徙活动开始前，鼠疫病原体就已经扩散到欧洲西部。正如瓦尔纳出土的有着6200年历史的古老草原DNA所显示的那样，这些区域的不同族群当时已经有了早期接触。可能是往来的商人将鼠疫杆菌带到了没有任何准备的人群里。这些未知的细菌和病毒会对人类产生怎样的影响？我们不妨以美洲为例：欧洲人最初殖民美洲时，大量美洲原住民死于来自欧洲的疾病。因此，西欧人可能也遭受了同样的灾难。

然而，这种猜想很难在基因上得到证实，因为欧洲中部地区几乎没有出土过任何4800~5500年前的人类骸骨——这又反过来说明该地区当时很可能暴发了鼠疫疫情。也许就是在这个时期，为了应对显然由尸体释放出的死亡危险，人们开始焚烧尸体。另外一种可能是，人们干脆不再接触这些会带来死亡的尸体，也不去埋葬它们，而是任由它们腐烂，因此没有给后人留下完整的骸骨。

造成当时（毋庸置疑的）人口急剧减少的潜在原因还有很多，也许是气候的变化造成了庄稼歉收和饥荒，也许是农民之间为了争夺枯竭的资源而爆发了武装冲突——武装冲突同样会导致大批受害者无法安葬。另外，其他病原体也是带来大量死亡的可能原因之一，或许这种病原体现在已经绝迹，即便用最新的测序方法也无法发现它们。鼠疫只是众多猜想中的一个，或许根本就没有发生过。又或许是考古学家们运气太差，没有找到来自那个时期的人类遗骸。然而，"鼠疫没有发生过"应该是所有的可能性中最不可能的一个。

如果鼠疫真的在草原移民浪潮开始前就引起人口锐减，那么它是如何传播的？毕竟，石器时代的鼠疫还没有

"通过跳蚤转移到新宿主身上"这样残忍而高效的传播方法。难道是通过呼吸道传染，就像我们熟知的流感、肺结核或者肺鼠疫？以这种方式扩散的鼠疫会对人口密集的欧洲产生巨大冲击，考古发现应该符合以下情形：当时的人口数量越来越少，而所有定居点，比如黑海沿岸地区的定居点，突然之间变得空无一人，仿佛居民们为了躲避一场神秘的瘟疫全部逃走了。2018年年底公布的最古老的鼠疫基因组正好说明了这一点，该基因组是在一名北欧人身上发现的，有着4900年的历史。这名北欧人的祖先还没有与颜那亚人发生基因混合。也许他的许多同胞有着同样的命运——鼠疫或者其他疾病赶在大规模移民迁徙前，留下了一片几乎没有任何人类踪迹的土地。

坐在马背上

大迁徙后有关鼠疫的可用基因数据明显增多，但仍不足以让我们了解当时的完整情况。这些数据至少给出了两种可能的解读方案，可它们却互相矛盾。一种解读正如前文所述，鼠疫在移民潮前就已经肆虐欧洲，并且可以由一个人传染给另一个人。另一种解读则认为，移民浪潮将大部分病原体带到欧洲——不是通过人与人之间的传播，而是在马背上被驮来的。我更倾向于第二种理论，即便它还有许多不完善之处。

"肺鼠疫只是腺鼠疫引走的次生伤害"这种观点否认了鼠疫的人传人性质。鼠疫在草原移民迁徙期间明显还没有进化出人传人的能力，因此，鼠疫杆菌当时也许是由动物传染给人类的。跳蚤要等到腺鼠疫病原体的传染性基因发生突变后，才能广泛传播该疾病，它不可能是早期鼠疫的传染媒介。真正的传染媒介更可能是其他和人类生活在一起的、接触密切的动物，比如老鼠或者土拨鼠。不过，它们看起来也不太像鼠疫传播者，因为离开家乡的游牧人应该不会带着这些啮齿类动物奔赴新家园。实际上，陪着游牧民一起来到西方的有两种动物，一种是牛，另一种是马。你应该还记得，这种草原马最终被驯化的欧洲马替代，如今它们的血统仅保留在重新野化的普热瓦利斯基马身体里。马种数量的完全替代出现在公元前3000年，与草原移民迁徙和鼠疫蔓延同时发生。

鼠疫的暴发能够解释为什么新移民更换了他们的坐骑。无论如何，这种转变背后的动机并不明显。新移民带着已经驯化的马来到欧洲，继续驯养下去应该不成问题，但意外的是，他们却最终选择（或者被迫）重新驯服野马，与这些老伙伴们分道扬镳。历史上的一次动物实验或许能告诉我们新移民这么做的原因。

这次实验是由鼠疫杆菌的发现者——法国人亚历山大·耶尔森（Alexandre Yersin）设计并实施的。1894年，著名的细菌学家路易斯·巴斯德（Louis Pasteur）将耶尔森派遣到中国香港地区——香港当时暴发了全世界第三次，也是迄今为止最后一次大规模鼠疫。虽然那时候大多数人已经知道鼠疫是一种可怕的传染病，但依然不清楚它的致病原因。耶尔森私自从停尸房里弄来一些鼠疫患者的尸体，结果在尸体上发现了鼠疫杆菌，这种细菌后来也因此得名"鼠疫耶尔森菌"。两年后，为了研发疫苗，耶尔森尝试让许多家畜都感染上鼠疫。最后唯一存活下来的就是马，准确地说，是已经驯化的欧洲野马的后代。换言之，这种我们如今还在骑的马可能携带有鼠疫抗体。

这或许就是移民在来到欧洲后几百年的时间里大量驯养欧洲野马，而没有抗体的亚洲马几乎完全灭绝的原因。反复将疾病传染给人类的亚洲马可能是鼠疫在石器时代的主要宿主——鼠疫病原体先停留在亚洲马体内，然后再转移到人类身上。毕竟，牧民骑手会长时间待在马背上，接触细菌是不可避免的。这一时期，每个来自草原的男人通常都很擅长骑马。我们至今几乎只在携带草原DNA的男性尸体上发现过石器时代的鼠疫病原体，除了一个例外——曾有一个小女孩因为患上鼠疫而死亡，但她也同样携带着草原基因。这并不意味着只有移民才死于鼠疫，也许那些感染鼠疫的原住民死后没有得到安葬。

关于石器时代鼠疫的所有这些叙述都源于猜想和推论。据我们所知，欧洲发生剧变前，鼠疫还停留在欧洲大陆的门口，而那段时期——不是在移民潮前，就是在移民潮期间——一定发生了什么导致人口数量迅速下降。我认为，有关亚洲马的猜想是一个可以接受的解释，但毫无疑问，它并不是唯一可能的解释。如果当时亚历山大·耶尔森能够用一匹普热瓦利斯基马进行实验，让鼠疫杆菌感染它（令人遗憾的是，用来做实验的普热瓦利斯基马可能会因此牺牲），或许我们现在就不用这么绞尽脑汁地去寻找答案了。

罗马时代的晚期状况

石器时代的鼠疫病原体可能在大约3500年前消亡。至少已经挖掘出土的"最年轻"的病原体细菌便来自这一时期。正如我们2018年证实的那样，考古遗传学家在最迟大约3800年前的萨马拉地区发现了目前已知最古老的腺鼠疫病原体。我们并不清楚这些病原体当时到底有着怎样的杀伤力，但不能否认鼠疫疫情从那时起就反复侵扰欧洲和近东地区。例如，根据历史文献记载，"赫梯"鼠疫给崩溃前夕的帝国以致命一击。然而，在大约3200年前，是鼠疫杆菌，还是其他病原体导致赫梯文明和其他近东地区文明最终衰亡？我们目前只能猜测答案。但如果鼠疫真的是罪魁祸首，那么它很有可能以跳蚤为载体广泛传播。

腺鼠疫和跳蚤的合作十分高效，而这个死亡三重奏还缺少扩大细菌生活空间的黑鼠。黑鼠广泛的分布范围似乎得益于罗马帝国的扩张。东罗马帝国暴发了人类有史以来第一次有文献记载的鼠疫传染病：与黑死病一样恐怖的查士丁尼鼠疫。该名称来自当时执政的皇帝查士丁尼（Justinian），感染鼠疫的皇帝本人最终活了下来。考古遗传学家直到最近才确定这次"瘟疫"是鼠疫而不是其他疾病。不管怎样，凯撒利亚（Caesarea）的历史学家普罗科匹阿斯（Prokopios）已经详细地记录下这种从公元6世纪中期开始，总共夺走数百万人生命的疾病的症状。在记录中，普罗科匹阿斯描述了患者腹股沟区的肿块、狂躁症以及幻觉情况，如果肿块破裂，患者大概还有生还的机会。普罗科匹阿斯还报告了君士坦丁堡（Konstantinopel），即今天的伊斯坦布尔（Istanbul），每天都有成千上万人因感染疾病而死亡。难怪许多经历过当时场景的人会将这一瘟疫视作世界末日即将到来的前兆。此外，大量基医分析结果证实了之前的猜想：查士丁尼鼠疫是一种腺鼠疫性质的传染性疾病，其死亡区域一直延伸到欧洲大陆北部和西部地区。因此，我们可以对当时的巴伐利亚和英格兰南部地区以及法国和西班牙境内的鼠疫杆菌进行测序。

开始于君士坦丁堡的查士丁尼鼠疫或许是由公元542年一次瞬间将城市夷为平地的强烈地震引起的。据猜测，在此期间，大量尸体和仓库散落的粮食使老鼠数量迅速增长，为鼠疫的扩散创造了理想的条件。通过君士坦丁堡与其他地中海港口城市之间便利的海路交通，随后几年席卷整个欧洲的鼠疫很可能沿着海上航线继续向前扩散。这一时期不断涌入欧洲的移民也进一步加速了鼠疫的传播——查士丁尼鼠疫正值移民浪潮晚期（公元5世纪末）。西罗马帝国覆灭后，大规模迁徙活动再次兴盛起来。借助运河，腺鼠疫也许是与盎格鲁人及撒克逊人一起来到英格兰南部地区的。

8世纪前，欧洲反复出现传染病疫情，其中大部分与腺鼠疫病原体有关。死亡浪潮接二连三，政治动荡也随之而来，人们都吓坏了。历史学家将东罗马帝国失去昔日荣光归咎于受鼠疫影响而废弛的军队防务。北方的法兰克王国趁机继续扩张，罗马（Rom）从一个大都市变成伦巴底人

（Langobarden）聚居区的一个小镇。只责怪鼠疫未免太简单了些，但毫无疑问，鼠疫对那个时代人们的生活态度和社会结构产生了巨大影响。截至8世纪，欧洲至少暴发了18次严重的传染病疫情，即每10年就暴发1次。那为什么在8~14世纪这段时间里，鼠疫突然消失了？这个问题目前还没有答案。不过，一些考古学证据明确指出，该时期的老鼠数量明显减少。在公元后第一个千年的黑暗末期，人口数量稀少和居民点日渐荒芜导致老鼠的生存条件变得越来越恶劣。鼠疫杆菌似乎就是在这个时候——暂时——随风而逝了。

加强边境管控，防范外来人员

生活在中世纪晚期的人们面对可怕的瘟疫可能已经表现得相当镇定。毕竟距离公元600年的那场大灾难又过去了500多年。基因分析结果显示，引发查士丁尼鼠疫大流行的耶尔森鼠疫杆菌此时已经灭绝。关于"黑死病如何来到欧洲"已经有过很多讨论，但今天的我们无法想象这是怎样一种恐惧。那段时期里最骇人听闻的一个故事发生在克里米亚（Krim）半岛，准确地说，是发生在因为"海上共和国热那亚（Genua）贸易殖民地"而备受争议的港口城市卡法

（Kaffa），即今天的费奥多西亚（Feodossija）——黑死病就是从这里开始的。

自1346年以来，卡法一直被蒙古军队占领。金帐汗国是当时横跨亚洲和欧洲东部地区的大帝国。根据"传统"，1347年春天，蒙古攻城部队用投石车将腐烂的尸体和尸块投射到城中。此前部队里已经有不少人感染疾病——某些传言称，鼠疫早就在金帐汗国国内肆虐了好几年。没有人比战友不断死去的蒙古士兵更了解这种神秘瘟疫的致命威力。果然，"生化武器"准确命中目标，鼠疫逐渐蔓延到卡法城。该殖民地居民在惊恐中纷纷登上船只，试图逃离看似注定会到来的死亡命运。

鼠疫在航行期间夺走了大部分船员和乘客的性命，侥幸活下来的人——靠岸时，这些"生还者"已经奄奄一息——又将鼠疫传染给毫无防备的沿海港口城市里的居民。从地中海沿岸的港口开始，那些试图逃离瘟疫的人携带着鼠疫继续向北方前进。不久后，"无知"的局面荡然无存，因为鼠疫像野火一样迅速传遍欧洲，大家都知道陌生人会带来死亡和毁灭。在这次灾难的见证者记录中，对外来人员极度不信任的本地居民既残忍又无情——仅是一个报告难民即将到来的消息就足以让整个城市陷入疯狂。因此，欧洲各个城市不得不实施边境管控和切断联系等措施。

当时，人们对鼠疫来源的认识十分极端，一切外来物或人都受到怀疑，人们对犹太人的怀疑尤为严重。犹太教徒被指控在井里投毒，数百个犹太社区被恶意摧毁。甚至连患有麻风病的病人、穷人，某些时候的有钱人或贵族也会遭殃——谁让他们是"少数群体"呢。即使不知道鼠疫是如何传播的，认真观察的人也不难发现这种具有很强传染性的疾病会无差别地攻击每一个人。意大利的编年史学家加布里埃尔·德·穆西斯（Gabriele de' Mussis）曾经这样描述鼠疫的冷酷无情："在每一个城市、小镇和乡村，无论是男性还是女性，所有居民都感染上这种可怕的疾病。"许多观察记录者怀疑有一阵"瘟疫之风"正在穿过各个国家，将生活在这片土地上的人们推向死亡深渊。

在接下来的几百年里，鼠疫频繁袭击某些城市，比如威尼斯（Venedig）——来自全世界的商人都聚集于此。疫情暴发后不久，威尼斯宣布禁止外来人员入境，违反该规定的船长将被处以罚款或者焚烧其船只。许多地方彻底关闭港口，虽然通常没什么作用。"隔离检疫"制度也诞生在这一时期，即入境者必须隔离40（意大利语 quaranta）天。许多城市都成立了卫生部门，但大部分人并没有认识到老鼠和跳蚤的潜在致命风险，他们只关注如何隔离感染者。那时候的"隔离"通常意味着将感染者集中关在一起，任由他们自生自灭。死者的尸体会很快被清除掉，例如丢弃于"万人坑"中——正是这些"万人坑"为考古遗传学家提供了可靠的鼠疫样本。

关于死亡人数的估计，一些历史学家指出，由于面对的是恐怖而未知的新问题，年代史编者可能高估了死亡人数，挪威并没有死去将近三分之二的人口，英国、西班牙和法国也没有死去60%的人口。然而，即使是保守估计，这些数字也远远超出我们今天的想象。与鼠疫同时爆发的三十年战争造成的死亡人数最多也不过与上面列举的数字大致相当。根据今天的计算，在这场鼠疫期间，欧洲失去了三分之一的人口，大约8000万人。我们目前只能粗略估计不同地区（尤其是港口城市）的疫情严重程度。然而，鼠疫有时也的确可能夺去多达一半人的生命，比如在伦敦。这样算来，几乎所有人或者（至少）是远超一半的人感染上这一疾病。我们知道，在不接受治疗的情况下——中世纪就是这样的——"只有"大约一半鼠疫感染者会死亡，剩余的另一半人会获得某种终生有效的、可以对抗鼠疫病原体的抗体。

免疫力

没有免疫系统就没有人类,也不会有其他哺乳动物,甚至连初级的多细胞生物都不会存在。整个世界充满了细菌、病毒和其他病原体,人的身体必须对它们做出反应,或者说其实已经做出反应。在这个过程中,身体的两个部分参与了抵御"外敌"入侵的活动。第一个是复杂生物体在大约4亿年前就已经拥有的先天性免疫系统——我们人类与鲨共享同一套系统。免疫系统使生物体能够识别出有害蛋白质,并与之对抗。巨噬细胞(清道夫细胞)会在病原体在血液中完成繁殖前包围并消灭它们。

然而,这种先天性免疫系统只能消灭它识别出来的细菌和病毒。巨噬细胞的工作原理是对让细菌能够在血液中移动的小推进器做出反应,因此,鼠疫杆菌的成功得益于一次使它们从近亲假结核耶尔森菌中分化出来的基因突变。在分化过程中,鼠疫杆菌失去了它的推进器,不再害怕先天性免疫系统的围剿。除此之外,鼠疫杆菌还获得了攻击宿主体内巨噬细胞,甚至在巨噬细胞内部繁殖的能力——为了不被消化掉,这些强大的细菌会生成一种由蛋白质构成的保护壳。

先天的免疫系统已经无法战胜装备如此精良的细菌和病毒，我们只能求助于第二个系统——与细菌和病毒相适配的适应性免疫系统。这种系统从进化上来看要年轻很多，并且它在每个人的体内都需要经过二次感染才能被培育出来。在适应性免疫系统的影响下，白细胞可以识别出侵入体内的病原体的表层结构，然后采取一系列反制措施，最终使血液中充满抗体，消灭外来入侵者。这个过程需要9~14天，因此必须确保被感染者的身体能扛过这段时间。流感患者通常没什么问题，但如果是鼠疫，那就要看被感染者的运气和体质状况了。

适应性免疫系统不仅可以生成抗体，还可以生成记忆细胞。记忆细胞确保了适应性免疫系统在第一次感染后长达40年的时间里能够进行快速免疫反应——这就是疫苗接种的原理。如果一个人在鼠疫中幸存下来，以后再感染这种疾病，适应性免疫系统就能战胜鼠疫病原体。相反，如果鼠疫病原体获得了胜利，鼠疫杆菌会在身体内部扩散，受感染的人最后会死于败血症或器官衰竭。因此，只有当一个人确实因感染鼠疫而死亡时，我们才能通过骨头和牙齿上的DNA来判断他生前是否感染过鼠疫。否则，这个人的抗体会彻底消

灭鼠疫杆菌，其遗传信息不可能留下任何与鼠疫相关
的痕迹。

克隆战士的进攻

自黑死病以来，鼠疫已经陪伴欧洲人走过了数百年
的时间。如果将历史上有过记载的所有大大小小的鼠疫
疫情都算上，连同神话和传说，它一共暴发过7000次，属
于"第二大流行病"。最近的一次大规模鼠疫疫情出现在
1720~1722年的马赛（Marseille）。在很长一段时间里，人们
一直都不知道这种被亲历者描述为鼠疫的疾病是否与之前
的黑死病有着相同的病原体。通过对多个鼠疫基因组进行
测序，上述猜想终于得到证实——马赛的居民们也是死于
14世纪传入欧洲的腺鼠疫。

从14世纪到18世纪，同样的鼠疫一次又一次卷土重
来。我们现在知道，黑死病时期的鼠疫杆菌菌株属于相同种
类，甚至是某种菌株的"克隆体"。而这次鼠疫期间死去的
所有人的身上都携带着同一种特殊鼠疫杆菌。基因测序时，
这是一个惊人的发现，因为病原体发生基因突变的频率通

常十分频繁（这就是每年都必须升级和更新流感疫苗的原因）。然而，分析结果显示，鼠疫杆菌在其持续6年之久的暴发期里没有发生过任何基因突变——它的突变率很低，一般每10年才会发生一次突变。此外，这些"克隆战士"也向我们表明，鼠疫杆菌只来过一次欧洲。在此之前，人们一直猜测黑死病可能通过船只或者贸易被一再带到欧洲。如果真是这样，考古遗传学家肯定可以发现那个时期不同的鼠疫杆菌菌株，而不是来源于同一菌株的不同变种。黑死病就像是"欧洲瘟疫之母"，欧洲大陆上后来的所有菌株都来自它。

不是非洲或者亚洲，而是欧洲成为鼠疫的孵化基地。在接下来几百年的时间里，这种疾病持续传播，每当人们感觉不到危险的时候，鼠疫浪潮就可能再次袭来，因为距离上一次疫情已经过去了几十年。长时间的休养生息是鼠疫幸存者获得了免疫力的结果。一旦具有免疫能力的人口数量减少，细菌遇到越来越容易感染的人群，距离下一次瘟疫肆虐就不远了。通常情况下，儿童的死亡率会高于平均水平，因为他们的免疫系统从未与这种细菌交过手。在疫情暴发的间歇期，鼠疫杆菌可能存活于欧洲数量庞大的老鼠体内。

回到根源

鼠疫从欧洲又重新蔓延至它的源头——亚洲。2016年，我们通过基因分析证实了，14世纪末，这些"克隆战士"的后代再一次出现在50年前曾经将尸体抛入卡法城里的金帐汗国领土上。腺鼠疫回到了它的发源地——中亚地区，一直到今天，该地区的啮齿类动物种群仍然是全世界最庞大的鼠疫杆菌宿主群体。欧洲战胜腺鼠疫好多年后，鼠疫杆菌来到19世纪的中国，引发了人类历史上第三次腺鼠疫大流行。这次鼠疫的病原体菌株源自欧洲东部地区的中世纪鼠疫杆菌。正是在中国暴发鼠疫疫情期间，亚历山大·耶尔森发现了鼠疫杆菌——据估计，这些细菌在大约50年的时间里夺走了1200万人的生命。除了中国内地，中国香港地区的鼠疫还主要影响了太平洋和东亚其他地区。鼠疫病原体通过轮船往来被带往美洲和非洲——美洲和非洲直到今天仍报告有鼠疫病例。马达加斯加在2017年12月暴发的鼠疫，与今天美国大峡谷（Grand Canyon）警告牌所警示的鼠疫一样，其病原体都可以追溯至之前的香港鼠疫。现在我们知道，19世纪末期的中国肯定存在其他鼠疫菌株，并且它们中的大部分一直存活至今。然而，只有来自黑死病的鼠疫杆菌菌株才能够在19世纪席卷全世界。

如今在欧洲大部分地区，鼠疫病原体被认为已经绝迹。但它仍然普遍存在于世界上的其他地方。超过24种可以作为鼠疫病原体载体的啮齿类动物生活在中亚地区；美洲大陆有许多黑尾草原犬鼠（Präriehunde）身上都携带着鼠疫杆菌。我们当下可以使用抗生素有效治疗鼠疫，因此，它不再像中世纪时那样令人感到极度恐惧。不过，这种疾病的死亡率仍然很高，尤其当人们感染肺鼠疫时——肺鼠疫患者通常还没确诊就已经死亡了。

黑鼠究竟是不是鼠疫杆菌在中世纪的宿主？科学界至今还存在争议。这个问题有许多值得讨论之处。一方面，古罗马帝国灭亡后，黑鼠消失的同时，鼠疫也不见踪影，直到中世纪晚期才卷土重来，而此时，欧洲繁荣的城市和经济发展使黑鼠的数量迅速增长。另一方面，若黑鼠是鼠疫杆菌的宿主，也可以解释为什么欧洲鼠疫的最后一次暴发是在18世纪。该时期的黑鼠被它们从国外迁移而来的近亲——灰鼠——赶走了。这种具有攻击性的灰色老鼠可能与几百年前的黑死病一样搭乘轮船来到欧洲，只是这次，它们给人类带来的是"希望"。灰鼠在18世纪向欧洲的黑鼠发动了一场大规模歼灭战，具体表现为抢夺这些体形比它们要小很多的同伴的生存空间，有时候还会直接将其吃掉。如今，黑鼠只生活在欧洲零星几个地方——它们甚至已经被列入德国濒危物种红色名录。而在世界上其他地区，一般情况下，只要有灰鼠出现，我们就很难见到黑鼠的踪影。灰鼠虽然也会传播鼠疫，但与黑鼠相比，它们与人类生活的联系更疏远一些。这可能是鼠疫在欧洲逐渐走上末路的另一个原因。

那么，对于鼠疫——欧洲历史上最严重的灾难之一——黑鼠是否负有责任呢？毕竟，恐惧黑鼠已经成为欧洲人的集体记忆。今天的欧洲人或许要感谢令人厌恶的灰鼠从鼠疫灾难中拯救了他们。然而，灰鼠只是按下了"暂停键"，接过鼠疫的残暴衣钵的下一次致命瘟疫早就做好了准备。

第九章

新大陆，新瘟疫

特蕾莎（Teresa）修女可能患有麻风病。

肺结核游荡到美洲。

人类和病原体之间的"军备竞赛"。

瘟疫发生在移民迁徙前。

邻居的性病。

收容站里的死亡

除了一再发生的鼠疫,中世纪的人们还对另一种可怕的瘟疫感到绝望——麻风病。麻风病情甚至比鼠疫更严重。虽然大部分的患者不会直接因麻风病死亡,但患上这种疾病基本上就意味着被宣判了死刑。不同于鼠疫,麻风病不会在几周或几天内发作,而会让病人遭受长达数年的折磨——结束病人肉体生命前,先让其社会生命和精神生命死亡。

与鼠疫一样,麻风病也是历史上最古老的疾病之一,可能在古代埃及文明和赫梯文明时期就已经蔓延开来。如今,每年大约还会新增20万麻风病病例,印度是重灾区。今天将传染性极强的麻风病与无私照顾麻风患者的特蕾莎修女联系在一起不无道理。这位诺贝尔和平奖获得者或许已经感染上疾病,只是没有发作。大部分携带麻风杆菌病原体的人都不会发病,即使在中世纪也是如此。然而,麻风病会给某些免疫系统经受不住考验的人造成特别严重的伤害。他们几乎肯定会死在"麻风病人舌住区"中——大量麻风病人被驱逐至专门的"收容站",生死由天。

麻风杆菌喜欢寒冷。30℃~32℃是麻风杆菌的"适宜温度",它们因此可以存活在裸露的（鼻子、四肢）皮肤表面上,甚至附着在借助呼吸不断调节空气进出的口腔里。麻风分枝杆菌（Mycobacterium leprae）一般通过飞沫在人与人之间传播,不过这需要非常亲密的接触。健康的免疫系统能够识别出这种病原体,却无法杀死它。厚实的蜡状保护层帮助麻风分枝杆菌成功地干扰了免疫系统的正常运作。作为侵略者,麻风分枝杆菌没有攻击细胞,反而被人体内生的防御系统包裹住——无法继续繁殖,但依然存活着。受感染的人会患上麻风病,不过在免疫系统的控制下,病情不会轻易发作。

一旦麻风患者变得虚弱,例如感染其他疾病或者营养不良,麻风杆菌就会摆脱免疫系统的束缚,扩散至全身,它们有时候甚至能在病情暴发前蛰伏数十年。此时,免疫系统的攻击目标已经不是病原体细菌,而是包裹着麻风病原体细菌的健康组织。首先被毁掉的是感染者的皮肤,之后是位于皮肤下面的软组织,如果病情特别严重,骨骼也会受到损伤。与普遍的误解相反,麻风病人的四肢不会从身体上掉下来,而是会被自己的免疫系统"吃光"。在发病过程中,社会的排斥通常加重了麻风病情：患者失去自己的社会关系，被周围人抛弃，营养情况也变得更加糟糕，还可能无家可归，得不到正常治疗，最终的结局是抵抗力迅速下降。这些情况如今只发生在麻风病频发的非常贫困的地区。对中世纪的欧洲来说，这种恶性循环已经是"惯例"。

与鼠疫等其他疾病不同，由于麻风病还会伤害骨骼，考古遗传学家能够在一些死者的骸骨上发现麻风病的痕迹。最早的麻风病样本就是在印度一个4000年前左右的人类遗骸上发现的，但骸骨上的痕迹不是很清晰，也可能是其他原因造成其死亡。迄今为止，我们能够检测到的最古老的中世纪的病原体来自公元415~545年这段时期的英国大切斯特福德（Great Chesterford）地区。考古遗传学家之所以能够相对容易地找到这些历史悠久的麻风病原体，是因为在蜡状外壳的保护下，麻风病原体的遗传物质明显比人类的遗传物质保存得更好。

根据在中世纪欧洲人骸骨上发现的大量有关麻风病的证据，我们可以推测出当时的感染比例很高。这也解释了为什么从大约公元6世纪开始，欧洲建立起许多麻风病人居住区。城市里糟糕的卫生条件使得麻风病更容易暴发和传播。在中世纪后期，大多数欧洲人可能都感染上了这种疾病，它就像悬在人们头顶上的达摩克利斯之剑——可怜的人们每隔几十年还要遭受鼠疫的折磨。中世纪社会的最主要特征因此或许是"听天由命"，尤其在这些拥挤的、肮脏的、没有排水系统和自来水的城市里。疾病和死亡毫无预兆地不断向居民袭来，更不用说那一时期还有异常惨烈的战争冲突。

伦敦公园里的麻风病

麻风病来自哪里？它是如何传播到欧洲的？这两大问题至今仍在激发新的猜想。亚洲过去长期被视作麻风病的故乡。这一方面是因为考古遗传学家在印度发现了4000年前的疑似麻风病人的骸骨，另一方面也是因为这片南亚次大陆如今还报告有大量麻风病例。不只是亚洲，非洲同样深受这一疾病的影响，难怪也有某些研究人员猜测麻风杆菌起源于非洲。然而，最近的基因分析结果却告诉我们，完全不需要想得这么远。2018年，在对生活在公元5~15世纪的17个欧洲人身上的麻风杆菌进行测序时，我们惊讶地发现，今天分布在全世界的所有麻风菌株都可以追溯至中世纪的欧洲。与之前猜想的两大菌株不一样，我们找到了来自中世纪的麻风分枝杆菌的一整套变体。对生物体来说，拥有最多遗传差异的地区通常就是它的地理来源，所以麻风病可能是从欧洲来到亚洲，而不是反过来。此外，使得今天太平洋地区、近东地区和美洲居民感染疾病的大部分麻风菌株，似乎也都是从欧洲传入的。

近年来，另一个原有共识受到了冲击，即人类是麻风病原体的最初宿主。不同于鼠疫，长久以来，没有迹象表明麻风杆菌以动物为宿主。除了人类，唯一身上携带麻风杆菌的动物就是美洲犰狳，但美洲犰狳身上的麻风杆菌很明显来自人类，因为这些麻风病原体与中世纪的病原体吻合。看来，麻风病是由欧洲殖民者带到美洲，然后传染给了当地的犰狳。犰狳的皮肤非常适合麻风杆菌，因为这种动物的体温保持在32℃左右。美国今天大部分麻风病病例都可以归咎于在野外不小心碰上犰狳，当然偶尔也有因为吃了烤熟的犰狳而感染疾病的病例，特别是在经常用犰狳肉制作细嫩肉排的美国南部。遗憾的是，这种美味通常还搭配一份猛烈的饭后甜点——抗生素鸡尾酒。

由于不知道麻风病原体的其他宿主是什么，而美洲犰狳也不会引发欧洲的麻风病疫情，大多数人便相信是人类将麻风病传播到了全世界。直到2015年，我们终于能够驳斥这个观点了。我们比较了麻风杆菌的基因组和它的近亲瘤型麻风（Lepromatose）杆菌的基因组。这两种疾病引起的症状是相同的，只有经过几年医学治疗后才能在临床上做出区分。对比结果显示，麻风杆菌和瘤型麻风杆菌在1000~1500万年前发生分化。人类和黑猩猩的共同祖先也只不过在大约700万年前才发生分化，因此可以确定，人类不是麻风杆菌最初的宿主。感染人类前，麻风杆菌还要先绕一段路。

我的同事在2016年发现了关键性证据。出乎意料的是，他们在英国松鼠——准确地说是欧洲的红色松鼠——身上不只检测出瘤型麻风病原体，还检测出麻风病原体。伦敦的公园里目前已经难以寻觅到这种松鼠的身影，毕竟它们竞争不过那些来自美洲的黑灰色亲戚。麻风杆菌和瘤型麻风杆菌的共同祖先——某种土壤细菌，可能是趁着松鼠觅食时接触到它们，然后在这些啮齿类动物的皮毛上进化出两种病原体细菌。松鼠皮毛是中世纪时期十分流行的昂贵服饰装点，相关穿着风潮和贸易遍及整个欧洲，细菌因此能够轻易地经由皮肤找到人类作为新的宿主。今天的红松鼠皮爱好者也要做好准备，麻风病原体有可能就藏在你们的高级服饰里。

16世纪以来，欧洲的麻风病例数量明显下降了，虽然这种疾病直到20世纪还曾长时间笼罩在这片大陆上空，并且至今仍有少量病例报告。挪威是19世纪中叶麻风疫情大范围暴发的最后几个国家之一。这可能和挪威的气候有关，因为较低的气温有利于麻风杆菌的繁殖。

人类和病原体之间的"军备竞赛"

人类的免疫基因能够帮助人类适应病原体只是一种理论,虽然值得说道,但仍缺少有说服力的证据。根据这种理论,遭受致命细菌或病毒袭击时,人类体内会逐渐产生越来越能对付这些病原体的免疫基因变体。例如,"鼠疫从里海北部的大草原来到欧洲,并且在大约5000年前——移民潮开始前后——夺去了很多欧洲人的生命"的成立其实预设了一个前提条件:东方人群对鼠疫的抵抗力强于西方人群,或者说,前者的生活方式能够更好地应对细菌传播。然而,考古遗传学家至今尚未在石器时代的样本中发现基因适应的相关证据。不过我们可以确定,抵御病原体侵袭的基因变异也有可能发生在免疫系统之外。

对疾病的抵抗力或许来源于原本有害的基因变异,在某些情况下,有害的基因变异也会给人类带来好处。以撒丁岛为例,据推算,当地每9个人中就有1个人患有地中海贫血症(Thalassämie)——病因是基因突变阻碍了红细胞合成。患有该疾病的人通常身体抵抗力比较差,从进化角度看,这其实是一种缺陷。但长久以来,地中海贫血症在撒丁岛上似乎并不是"缺陷",

因为它带来了额外优势——对疟疾产生抵抗力。早在古希腊和古罗马时期，由蚊子传播的疟疾就曾经肆虐地中海地区。地中海贫血症的较高患病率表明，对疟疾产生抵抗力的优势超过了基因突变的进化缺陷。这意味着因患有地中海贫血症而变得不那么强健的人可能生育较少孩子，但没有这种缺陷的人却更容易因感染疟疾而死亡。

另一个类似的、对比更清楚的例子来自今天世界上疟疾疫情最为严重的地区之一——东非。东非某些地方的居民从他们父母一方那里遗传了镰状细胞贫血（Sichelzellenanämie）的基因缺陷，而该基因缺陷同时会带来对疟疾的抵抗力。但如果一个人从父母双方那里都遗传了镰状细胞贫血的基因缺陷，那么他存活的机会就十分渺茫。统计数据显示，东非地区有一半人携带镰状细胞贫血基因缺陷，其中四分之一的儿童会死于这一疾病。尽管如此，这种基因缺陷还是作为选择优势被普遍接受。显然，疟疾是更致命的死亡威胁。

一种有利的基因缺陷，即CCR-5受体受损，会在对抗艾滋病时发挥作用。从父母那里遗传了这方面基因缺陷的人对艾滋病具有部分或者完全的抵抗力——在欧洲，这一比例为1∶10。大约有十分之一的欧洲人从父母一方那里遗传了可以更好应对艾滋病病毒的基因缺陷。然而，这种缺陷可能导致人们更容易受到西尼罗河病毒和流感病原体感染。

麻风病走了，肺结核来了

欧洲从麻风病中恢复过来可能是因为卫生条件得到了改善，可这并不意味着人类能够喘口气了——他们同时还要和肺结核（TBC）抗争。肺结核杆菌与引起麻风病的分枝杆菌关系密切。可以想象，通过飞沫传播的肺结核杆菌会感染更多人，而肺结核患者对麻风病免疫，于是一种疾病逐渐被另一种疾病"覆盖"。无论如何，从17世纪开始，肺结核病在欧洲夺去了无数人的生命，至今依然是最危险、传播范围最广泛的传染性疾病之一。全世界每年大约有800万人患病，其中100万人会面临死亡。肺结核与麻风病病情相似，但感染率却高得多，估计目前全世界有三分之一的人携带着肺结核杆菌。和麻风病原体一样，肺结核病原体也有一层"蜡层"，人类的免疫系统无法穿透，只能将其严密裹住。当一个人的免疫力变弱时，这些细菌就会扩散到肺和其他器官里。肺结核晚期患者会出现痰中带血和越来越疲惫等症状，直到细菌将整个人体（尤其是呼吸道）彻底吞噬。肺结核患者通常皮肤苍白，身体消瘦，病情严重时，还会频繁咳血——19世纪文学作品中的吸血鬼传说可能就是受肺结核疾病启发创作出来的。发明抗生素前，增强病人的免疫力是治疗这种疾病的唯一方法，比如将病人安置在疗养院里。

几乎没有哪种传染性疾病像肺结核一样被研究得如此透彻。但直到最近几年，我们才弄清楚肺结核杆菌是如何传播到人体内的。肺结核不久前仍被认为是来自新石器时代的"附带损伤"，因为除了人类的肺结核病，世界上还有牛的肺结核病——该疾病至今仍然十分普遍，因此牛奶生产者需要对牛奶进行巴氏消毒，我们也最好不要喝未经处理的牛奶。由于这种长期已知的感染风险，牛一直被视作肺结核杆菌最初的宿主。许多人猜测，人类是在驯化牛后才感染上肺结核的。

20世纪90年代初，新的证据推翻了这种观点。医学研究者那时候开始对肺结核杆菌的基因组进行测序，他们检测的样本提取自当今人类和其他动物体内。利用测序结果，研究人员绘制出一份谱系图。其中，非洲人身上的样本显示了最丰富的遗传多样性，而来自欧洲和亚洲人类身上的细菌菌株都可以追溯至非洲这一根源。牛肺结核的细菌菌株与人肺结核的细菌菌株也是在非洲发生分化。这意味着，是我们将病毒传染给牛，而不是牛将病毒传染给我们。从中我们或许可以得出结论，肺结核应该是跟着人类一起走出非洲。但这个结论并非完全正确。

2010年，考古学家在秘鲁挖掘出一些人类干尸，其中有3具尸体似乎曾经感染过肺结核病。他们那些有着1000年左右历史的椎骨出现了变形，可能是因为肺结核杆菌腐蚀胸椎导致的剧烈咳嗽引发了骨折。2014年，我们分析尸体骨头样本的基因组，结果证实这些死者的确患有肺结核疾病。显然，克里斯托弗·哥伦布（Christoph Kolumbus）到达美洲前，肺结核就已经在美洲扩散开来。这种观点此前一直不被认可。如果肺结核真的是和人类一起在前哥伦布时期从非洲来到美洲，那么只剩下一种可能性——大约1.5万年以前，肺结核跟着亚洲移民越过白令海峡踏上了美洲大陆。

然而，这种猜想与来自秘鲁干尸的肺结核病原体的谱系并不相符，干尸身上的菌株种类可以追溯至欧洲牛肺结核的亚种。通过对当今全世界的现代肺结核杆菌和前哥伦布时期的美洲肺结核病原体进行比较，我们可以计算出这些细菌共同的祖先起源于何时何地——大约5000年前的非洲某处。这一切明显与之前提出的猜想——肺结核随人类一起传播到美洲——相悖。5000年前，通往阿拉斯加的大陆桥已经被海水淹没,肺结核无法沿着这条路前往美洲,也肯定不会进入牛的体内——前哥伦布时期的美洲还没有这种家畜。此外,考古遗传学家也排除了"肺结核随人类一起从非洲传播到欧洲"的可能性,因为人类那次大迁徙发生在公元前4万~5万年前,而不是发生在5000年前。

在过去的几千年里,肺结核杆菌肯定走了不同于我们之前假设的另外一条道路才最终来到美洲和欧洲。我们完全有理由认为,肺结核杆菌是从非洲"游"到美洲的。因为我们也在其他动物身上找到了与牛肺结核杆菌相似的病原体,其中包括绵羊、山羊、狮子和野牛,甚至还有海豹——海豹身上的肺结核杆菌菌株和研究人员在秘鲁干尸身上发现的细菌菌株最为相似。通过一个或两个这样的动物,肺结核杆菌从非洲,经由大西洋,最终到达南美洲。美洲一些沿海地区,海豹是最受欢迎的食物,肺结核杆菌因此能够轻易感染当地原住民。

从南美洲开始,在随后的几千年里,肺结核扩散到整个南北美洲大陆,甚至进化出秘鲁那3个被处理成干尸埋葬的人(他们的死因可能是肺结核)感染上的美洲变种。在南半球,一直到今天,我们仍能在海豹身上发现这种病原体。另外,欧洲人征服美洲大陆后,美洲人体内就不再携带前哥伦布时期的肺结核杆菌菌株。从那时起,研究人员能够使用的样本只有欧洲肺结核。欧洲肺结核显然是哥伦布到达美洲后由殖民者带来的，可能导致当地原住民人口数量灾难性锐减——欧洲的众多疾病夺去了大量没有任何保护措施的当地人的生命。然而，并没有证据表明美洲的病原体先感染殖民者，然后再传播到欧洲。欧洲的肺结核明显要比美洲的肺结核更有攻击性。这种优势至今依然如此，毕竟欧洲的肺结核杆菌菌株已经席卷全球。肺结核病原体到底是在何时以何种方式从非洲传入欧洲的？这个谜团始终没有解开。部分考古遗传学家认为，肺结核最晚大概在中世纪来到欧洲，远早于它展现出现代的巨大破坏力量。

百年死亡浪潮

  美洲人与欧洲人——这两个人群的共同祖先起源于马尔塔男孩生活的地区——至少长达1.5万年的隔绝可能是造成美洲原住民在自己的欧洲远房亲戚到来后大量死亡的原因。测算这些外来疾病造成的死亡人数十分困难，尤其因为瘟疫的流行往往是暴力征服政策的结果，无数人民甚至整个民族都变成了牺牲品。战争的侵略者经常恶意地将疾病视作一种高效的辅助征服手段。根据专家的估计，多达95%的美洲原住民死在了殖民统治最初的前几百年里。许多殖民者报告说,这些疾疬摧毁了新大陆原先的居民,但没有伤害移民,或者(至少)没有杀死移民。

从北美洲东海岸开始向南部和西部开拓新土地的殖民者是历史见证者,或许可以帮助我们了解5000年前发生在欧洲的、来自大草原的鼠疫是否也出现在新大陆上。他们在报告中这样写道:不仅接触了新移民的美洲原住民因感染瘟疫而死亡,而且瘟疫的确在新移民迁入前就已经四处蔓延。沿着密西西比河,新移民发现了之前人们仓皇逃离的城市,让人回想起考古学家试图复原的草原移民时期黑海沿岸风貌。

欧洲石器时代只能通过猜测和想象去理解的事情,到了近代美洲,已经能够被精确研究。天花和流感这两种病毒性疾病的致命威力早就为人熟知。然而,那场被称作"科科利茨特里大瘟疫"(Cocolitzti-Epidemie)的灾难的起因,直到不久前仍然是一个谜。这次瘟疫暴发于1545~1550年的今天墨西哥境内。据估计,在今天的墨西哥和危地马拉等国家,当时有60%~90%的人遭受到该疾病折磨。利用基因组测序技术,研究人员现在终于弄清楚了引发这场灾难、带来大量死亡的罪魁祸首——一种名为"细菌性肠炎"的伤寒。

这种副伤寒由肠道丙型副伤寒沙门氏菌(Salmonella

enterica paratyphi C）引起，而肠道丙型副伤寒沙门氏菌主要停留在消化系统里，然后从消化系统出发，最终遍布全身。受感染的病人会出现高烧、脱水、便秘等症状，后期还会严重腹泻。该细菌能够通过肢体的接触或被排泄物污染的食物和饮用水传播。因此，伤寒和副伤寒如今依然是一种巨大威胁，尤其在某些卫生条件恶劣的、相对贫穷的国家。每年有超过1000万的人感染细菌性肠炎，患者死亡率大约为1%。

16世纪中叶，中美洲地区似乎遭受了一种更为恐怖的疾病侵袭，不少人因此被迫离开自己的城市。例如，位于墨西哥南部、名为"特波斯科卢拉-尤昆达"（Teposcolula-Yucundaa）的城市里的居民就逃到了附近的山谷里，只留下一处巨大而沉默的"瘟疫公墓"。2018年，我们检测分析了埋葬在这座公墓里的29个人的骸骨，结果在其中10个人的身上发现了副伤寒杆菌。中美洲地区的这种瘟疫可能是历史上最为致命的传染病之一。虽然伤寒也曾经肆虐欧洲，例如在20世纪初期，德国工业化程度较高、人口密集的西部地区就爆发了伤寒疫情，但欧洲的疫情并没有达到科科利茨特里大瘟疫那样的规模。

梅毒的假象

　　近代欧美历史始终是一部疾病史。发现新大陆后，大西洋对岸的人就成了来自欧洲的病原体的最大受害者。然而，梅毒走的却是相反的方向。1493年，随着哥伦布从第一次航行中归来，梅毒登陆西班牙。和水手们一起，这种在现代最令人感到害怕的性病踏上了这片"旧大陆"——至少欧洲在很长时间以来一直这样讲述梅毒的故事。不过根据美洲研究人员的观点，"事实"则正好与此相反，他们认为，是欧洲人将梅毒病原体带到了新大陆。对这些来自美洲和欧洲的梅毒病原体的最新基因分析结果再次证实了大陆之间的相互影响，这种影响远比人们之前设想的复杂得多。

　　在美洲大陆的发现者回来的那一年，地中海的港口第一次报告了此时还不为人所知的某种疾病。与此同时，法国和那不勒斯之间爆发了一场战争，来自多个国家的雇佣军从法国进入意大利境内。1495年返回到北方时，士兵们将这种性病传播到整个欧洲。欧洲大陆深陷梅毒的泥沼长达几十年，而梅毒则在大约半个世纪的时间里不断扩散。在给疾病命名这件事情上，人们并没有表现出多少创造力，反而揭示了这场灾难多多少少与外国人有些联系。法国的大多数邻国（特别是意大利）将梅毒称作"法国病"，法国人则称梅毒为"那不勒斯病"；苏格兰人叫它"英格兰病"，挪威人反过来叫它"苏格兰病"。波兰和那不勒斯及法国都保持着密切关系，俄国人因此将梅毒归咎于波兰。但对于疾病的根源，大家最终还是形成了统一的认识：梅毒来自新大陆，来自那些载着归来的征服者的船只。

尤其在传播的初期16世纪，梅毒表现出了极其凶残的本质。主要在生殖器区域进行繁殖的梅毒螺旋体一般通过性接触传播。人体的免疫系统会破坏梅毒螺旋体周围的细胞，产生令人感到疼痛的窟窿——这还只是较为温和的病情发展，最后不会致人死亡。然而，在那场持续了半个世纪之久的梅毒大瘟疫期间，多达1600万人死于一种特别严重的、被称为"神经梅毒"（Neurosyphilis）的疾病。如今，这种梅毒已经几乎完全灭绝。感染神经梅毒后，为了躲避人体内的免疫系统，病原体细菌会躲进神经细胞里，攻击并吞噬大脑，甚至连同头盖骨也一起吞噬。在这个过程中，患者会出现精神错乱等症状，充满痛苦地死去。

梅毒螺旋体躲入神经组织的能力让考古遗传学家很难在死者的骸骨上发现细菌的痕迹。即使骸骨上保留有典型的由梅毒造成的损伤，一般情况下，研究人员也无法找到病原体的DNA，甚至在还活着的患者身上都很难离析出梅毒螺旋体细菌。为了（首次）获得这一时期的梅毒病原体基因组，我们在2018年检测了5名死于1681~1861年的墨西哥小孩的骸骨，他们当中大多数还不到9个月大。这些不同寻常的骸骨被埋葬在墨西哥城一座前修道院中，显示出明显的先天性梅毒症状——母亲在怀孕期间传染给胎儿的疾病最终造成了严重的残疾和畸形。梅毒螺旋体在儿童体内不需要四处躲避，因为它们不会攻击还未成熟的免疫系统。我们在这5具骸骨中的3具上面发现了细菌的DNA。让人意想不到的是，不只有梅毒螺旋体的DNA，还有其他细菌的DNA：某个小孩似乎死于一种名为"雅司"的疾病。梅毒和雅司是同种细菌菌株的不同亚种，二者之间有着密切的同属关系——它们对子宫内部造成的损伤十分相似。

墨西哥城出土的骸骨表明，在过去一段时间里，雅司病导致的骨骼变化可能被错误地认为是由梅毒造成。近几年对非洲东部地区5个猴子种群的研究最终证实了我们的猜想。我们和罗伯特·科赫研究所（Robert Koch-Institut）的同事选择的检测样本都具有明显的梅毒症状，比如穿孔的生殖器，但对样本中的病原体进行测序时，结果却显示，这些动物感染的其实是雅司病。

分析墨西哥城儿童和非洲猴子身上的病原体为梅毒研

究提供了一个新视角：在过去几个世纪中，该疾病拥有一个因样貌相似而没有被正确"认出来"的姐妹。这就能对梅毒及其历史做出另外一种解释——梅毒可能是随着凯旋的美洲发现者们一起从美洲来到欧洲，而雅司病可能是由欧洲人带入新大陆。这些致命的、通过性接触传播的舶来疾病或许就是早期跨大西洋关系里的"共同事务"。

非洲猴子被认为是最早受雅司和梅毒的共同祖先感染的生物种群。根据生物学理论，病原体细菌从猴子身上转移到了人类身上。在4万~5万年前，最初的病原体细菌分裂成两种不同的细菌，也正是此时，现代人离开非洲去往全世界。那些经由白令大陆桥移民到美洲的美洲原住民可能已经携带有危险的致病细菌。在接下来的1.5万年里，这种在非洲演变成雅司病的疾病在美洲大陆却演变成了现代的梅毒。雅司病传入欧洲的时间点尚不确定，但许多证据表明，这种疾病最早可以追溯至中世纪。大量1493年以前的骸骨，比如英国的骸骨，都保留着清晰的梅毒痕迹，它们至今仍经常被用来证明梅毒存在于欧洲的时间早于其在美洲大陆被发现的时间。然而，我几乎可以肯定，这些有争议的死者其实都是雅司病患者。

低估的危险

在今天西方世界的绝大多数人看来，鼠疫、麻风、副伤寒、肺结核以及梅毒等疾病只不过是来自远古时期的幽灵，人们不再需要担心这些细菌性疾病的致命危险。另一些可怕的病毒瘟疫在很大程度上已经将这几种古老的疾病挤出了公众的视野。例如，1918年和1919年被西班牙大流感夺走生命的人口数量和整个第一次世界大战的死亡人数一样多；经过了将近300年的疫苗接种历史，天花才在20世纪70年代被彻底根除；自20世纪80年代以来，艾滋病总共造成大约4000万人死亡。但即使是在最近100年里，在欧洲的细菌性疾病得到控制的情况下，人们仍然没有任何解除警报的理由——我们距离让细菌变得彻底无害还十分遥远。相反，我们必须做好准备，中世纪的灾难可能在短短几十年内卷土重来。这方面的先兆已经出现。

始于16世纪的肺结核至今还在全速扩散。欧洲有数百万人的体内都携带着这种细菌，不过，别太害怕它们——这要感谢20世纪中叶抗生素研究的突破。得益于抗生素这种神奇药物的发明，突然之间，我们不仅可以抵御肺结核的侵袭,甚至能够抵御几乎所有细菌性疾病的侵袭。但正如我们所知,"彻底安全"只是一种幻想。由于人类在动物饲养以及医疗过程中大量使用抗生素,越来越多的细菌开始对抗生素产生抵抗力。我们目前发现了一系列对多种抗生素都具有耐药性的肺结核菌株,20世纪70年代抗生素药物的活性成分已经无法应对它们。这些细菌的适应能力很强,接触新抗生素一年后就会出现耐药性。换言之,在大多数情况下,药物只能领先肺结核病原体几年。因此,对在人类体内停留了大约5000年的细菌来说,抗生素的突破性发展可能只是长跑比赛中的一次小小的挫折。到了21世纪中叶,许多肺结核病人感染的就有可能是对抗生素具有完全抵抗力的肺结核杆菌。

细菌的多重耐药性以及抗生素困境是我们即将面临的第三次流行病学转变的一部分。第一次流行病学转变发生在人类成为农民之时。与动物亲密接触的人类感染上动物携带的病原体,并将这些病原体传播至人类定居点。第二次流行病学转变发生在不久前。随着19世纪卫生法规的实施以及20世纪抗生素革命的开始,细菌性疾病逐渐失去生存空间,"富贵病"开始流行,尤其在西方国家。今天,心血管疾病和糖尿病取代了肺结核、鼠疫及霍乱,成为人类的主要死亡病因。第三次流行病学转变可能发生在不久后，从前的疾病将会再次回到这些富裕地区。在许多较为贫困的国家，由麻风、伤寒、肺结核以及鼠疫等疾病造成的死亡依然普遍。与此同时，梅毒正缓慢而稳定地渗透欧洲，这是因为艾滋病情目前已经可以控制，虽然还不能完全治愈——鉴于"艾滋病没那么危险了"，越来越多的人放松警惕，不再使用安全套。请注意这个危险的信号，与其他性病的病原体一样，梅毒病原体也会提高其自身对抗生素的耐药性。

然而，我们现在可以排除"细菌会碰上因尚未与其有过接触而特别容易患病的人类族群"的可能性。5000年前的草原移民大迁徙或者15世纪末期的美洲殖民不会再次上演。今天的世界人口数量是石器时代的500倍，是哥伦布时期的15倍。人类的流动性变得越来越强，仅在过去的30年里，全世界每年搭乘飞机出行的人数就翻了一番。欧洲人的流动性最强，他们喜欢去世界各地旅行，结果导致病毒和细菌越来越全球化。流动性和传染病自新石器时代以来就紧密相连，这种联系在未来也不太可能改变。

在此背景下，考古遗传学应该承担起重任，而不只局限于"兴趣"。通过对比，我们知道了古代和现代病原体在过去几年甚至是几个世纪中如何演变，以及人类的DNA如何应对疾病。我们帮助现代医学努力跟上未来"军备竞赛"的步伐。在不到100年的时间里，人类成功地从毫无反抗能力的细菌和病毒受害者，变成了与它们势均力敌的对手——这是我们进化过程中众多迷人的转变之一。人类现在需要做的就是保持住领先优势。

黑与白的结束

以前的一切原本应该更糟糕。

我们不是一个民族。

非洲的黑人集区。

害怕流动的人。

智力分布均匀，但并不公正。

人类的进化源于自身。

边界正在消失。

没有理想化，没有宿命论

2018年6月，唐纳德·特朗普（Donald Trump）拿起智能手机，唤起了许多人对总是和暴力、疾病一起到来的移民的深切恐惧。"犯罪组织将'涌入'这个国家，并使用暴力'感染'它。"这名苏格兰和普法尔茨移民的孙子在推特上这样写道。该话语表达出的双关性也许并非偶然，当特朗普使用"感染"这个词时（通常情况下，"感染"是一个医学词语），他指的是一种传染性危险。从这位美国总统的粉丝和敌人的反应来看，很明显，信息已经传达到了。

同样在欧洲，将移民等同于疾病和暴力不再是一个边缘的社会现象，它甚至已经成为某些政府执政的指导方针——这些政府能够上台的部分原因就是"反移民承诺"。他们传递的信息在西方社会蔓延扩散，打个形象的比喻，就像是一种富有侵略性的病毒。现在对许多人来说，移民、暴力和疾病就是一种不可分割的混合物：疾病"入侵"，社会被暴力"感染"，难民"攻破"欧洲，"城堡"面临坍塌。

如今，西方世界的大部分地区赋予了移民完全负面的内涵。这种现象并不是最近才出现，也不是西方所独有。自古以来，任何地方都有针对移民的限制与保留，理由通常是担心暴力和疾病，以及担心自己的文化被外来文化压制、取代。驳斥该观点并非易事。因为只要愿意，考古遗传学在欧洲移民史方面的每一个新发现都会给这场争辩带来新的动力和更多历史证据——每一方都能找到适合自己的"历史证据"，包括那些认为移民不是欧洲的根源，而是欧洲大陆上永恒罪恶的人。

通过基因分析，我们对"欧洲8000年前开始的新石器时代革命是如何发展的"已经有了一个相当清晰的了解。考古学家们早就知道，当时的人类已经开始向农耕文明过渡。然而，许多科学家，尤其是来自德语国家的科学家，却没有将此次革命视作巨大变革，他们认为这不过是一次平稳的过渡。在这期间，农业得到普及，它像一把来自近东地区的象征着进步的火炬，照亮了欧洲的每一处角落，给那里的人们带去新的知识，让那里的土地长出粮食。然而，这段看似美好的历史描述并非没有争议。现在我们可以肯定地说，随着农业和近东地区移民大家庭的到来，欧洲大陆上的前定居者不得不隐居起来。在接下来几十个世纪里，新老居民几乎没有任何接触,因此,欧洲实际上出现了一次文化迁移——新石器时代就是西方衰落和东方胜利的典型例子。新石器时代的西方是一个非常朴素和简单的社会,人们在森林和草丛中游荡,与此同时,近东移民凭借全新的生活方式表现出明显优势。

虽然欧洲是"被迫"接受外来族群接管,但这场新石器时代革命在很大程度上算得上一次和平变革。对发生在大约5000年前的另一场大迁徙运动来说,这样的和平十分难得。在新石器时代,近东地区移民踏上了一片能够给他们(以及早先的前定居者们)提供充裕空间和食物的荒凉大陆,因此新移民的人口数量增长得比之前任何时候都快。但3000年过去后,自草原迁徙而来的新欧洲人却似乎没遇见多少"老欧洲人"——从草原传入的鼠疫可能是造成这种现象的罪魁祸首。青铜器时代的移民史是一个移民运动会带来疾病与死亡的范例,或者说是移民暴力摧毁了移民目的地的早期范例。

今天生活在欧洲大陆上的人们是数十万年以来人类迁徙的结果,其间人们不断交流、驱逐、争斗,同时也伴随着诸多苦难。即使如此,我们也没有理由将今天的欧洲人视作这些动乱受害者的后代。如果欧洲的移民运动是一部反复上演的戏剧,那么能够讲述这段故事的现代欧洲人至少有70%

智人之路:基因新证重写六十万年人类史
Die Reise unserer Gene

是"反派角色"——分别在8000年前和5000年前来到并征服欧洲的移民——的后代（感谢基因检测技术）。在此之前，狩猎采集人群的遗传信息一直处于主导地位，但如今，即便仍是欧洲人的三大基因成分之一，它占据的比例实际上已经很小。基因数据可以帮助我们比以往更详细地了解过去的人口流动，然而我们只掌握了一些非常零碎和粗浅的知识。这些知识的空白处还有着巨大的阐释空间。不过，有一点是确定的：欧洲早期的移民历史既不理想化，也不符合宿命论。移民活动很少能完全和平地进行。是的，没有移民，欧洲大陆就不会成为今天的欧洲。没有移民的原始欧洲只有一片荒凉和众多动物、植物。

　　土生土长的原始欧洲人是不存在的。如果我们因为在数万年的时间里，欧洲大陆上只出现了狩猎采集人群，而将狩猎采集人群认定为原始欧洲人，那么我们很快会发现自己需要严肃论证。一方面，这些狩猎采集者并不是第一批欧洲人，他们赶走了先前的原住民，2%的尼安德特人的DNA可以证明这一点（尼安德特人可能也不是最早来到欧洲的人，在他们前面还有后来不得不让位的、更古老的直立人）。另一方面，将狩猎采集人群用作反例来否定人类的迁徙和移民行为也非常不合理。对这些早期的居民来说，没有任何一种生活方式比让自己囿于一块有限的区域更奇怪。狩猎采集人群简直就是天生的欧洲人和世界居民。他们去任何想去的地方，没有对家乡的眷恋，只有对充满无限可能的广阔天地的憧憬。乡土情结的概念由安纳托利亚农民带来，他们在土地里打上了木桩，宣称这块土地为他们所有。因此，反对移民的人要想从早期历史的角度来论证自己的观点，就绕不开欧洲规模最庞大的移民浪潮之一带来的文化输入。

向往森林和草原

毫无疑问，许多人至今仍然迷恋8000年前逐渐远去的欧洲狩猎采集时代。它让人们回想起一种今天已经不存在的"自由生活方式"。背着行囊和帐篷尽情在（已被征服的）大自然中穿行的徒步旅行者，以及许多猎人和垂钓者都证明了人类对一种被视为"原生态"的生活方式的渴望。然而，这种渴望实际上包含了大量美化和想象之处，因为"原始人"不仅吃无骨肉片，也吃手能抓到的所有东西，可能是蜗牛、昆虫以及其他小动物。当然，人类的身体能很好地适应"原始"饮食结构，而至今不能完全适应新石器时代转向的以碳水化合物为主的饮食结构。但由此得出结论，认定新石器时代带来的一切，以及它之后发生的一切，使人类改变了自己原本的生活方式，就犯了类似于宗教一样的判断错误。与其他生物相比，自开始直立行走并制造工具用于狩猎以来，人类就掌握了自己的命运。如果"保持传统"是人类的特点，那么我们不会成为现在这样。

　　然而，现代社会的很多人对"本源"抱有一种非理性的渴望。他们遵循着石器时代人们的饮食方法，对"自然疗法"深信不疑，使用会产生大量粉尘的壁炉取暖。这种生活方式有时候相当危险，特别是当他们坚决地拒绝现代医学，认为以前的人类即使没有针对性抗体也照样活了下来，因此拒绝让自己的孩子接种疫苗时。他们说得对，人类确实一直活到了今天——只是过去有很多的人死于今天已经能轻易治愈的疾病。那位狩猎采集时代的圣人——正值青春年少的"巴德迪伦伯格的女萨满"，还没来得及向世人赐福，就因传染病离开人世，走完了自己的一生。在石器时代，大自然让人类生命提前结束的方式可谓多种多样，但心肌梗死、糖尿病和中风显然不在其中——就这些疾病而言，那时人类的饮食结构真是太均衡了，又或者，那时的人类根本就活不到可以患上这些疾病的年龄。当下的癌症病例数量之所以会急剧增加（尤其在富裕的国家），主要是因为癌症是一种典型的老年性疾病。

　　欧洲居民如今的生活是有史以来最舒适的。对此，我们应该感谢石器时代和青铜器时代的移民浪潮。随着农业的发展，欧洲建立起地方性社会结构的雏形，人们不再依赖家庭或小团体，地区的支持与援助给他们提供了稳定的依靠。得益于物资储备经济，人们逐渐摆脱大自然的束缚，即使是干旱或者其他自然灾害，人们也能够应对。大草原移民的到来为欧洲奠定了等级制度、社会分工和改革创新的基础，在此基础上，欧洲文明最终成为一个在近现代凭借科技和知识引领并且影响全世界的辉煌文明。

　　欧洲的殖民者发现了美洲，并且在第二次世界大战后将美国建设成世界上文化和经济最强大的国家，这实际上也是对欧洲非凡的进步历史的扩展。从一个数千年来深受移民影响的大陆，越过大西洋抵达一个新大陆，欧洲人打算重现一段辉煌的历史——结果却给当地原住民带来血腥的后果。在这里，人类的进步与侵略无异。毫无疑问，进行道德评判时，人类早期的移民难以和1492年由克里斯托弗·哥伦布掀起的殖民浪潮相提并论。无论如何，美洲的殖民化发生在"许多欧洲殖民者充分意识到自己践踏了宗教、法律以及道德准则"的时代背景之下，但人类历史早期还没有这些准则，万事万物都处在某种残酷的"自然状态"中——随着社会和文明的产生，这种状态才逐渐得到遏制。

考古遗传学恢复了吗？

　　历史文献已经记录下近代欧洲扩张时期的疯狂和残酷，虽然主要以征服者的角度来描述。关于早期的欧洲移民历史，很长时间以来，我们只有模糊的想象以及一些互相之间批判对立甚至水火不容的理论学说。近几年来，考古遗传学给这片黑暗带来了些许光明，尽管某些角落还没有被照亮。基因测序技术的发展让史前的和现今的基因组都变成了人类的航海日志，可以清楚地告诉我们每一个移民和基因混合的历史。我们从中可以得出，并且必须坚持这个结论：遗传学将成为历史研究的重要组成部分。

　　然而，将遗传学视作对科学伦理的挑战，或许还是明显低估了它，尤其在德语国家。毕竟，在纳粹分子眼中，历史就是"种族"之间的争斗，他们试图用一种最野蛮的方式来实现自己的这种妄想。同样地，许多考古学家也提出了文化优势（如民族、人种）与基因优越性相伴而生的学说。这些激进的考古学家论证自己观点的依据之一是：欧洲青铜器时代不是开始于对新技术的掌握，而是由来自斯堪的纳维亚半岛的那些"战斧勇士"的移民推动的。与其他民族相比，这些拥有压倒性优势的"北方"民族才是进步的驱动者,此外他们还带来了日耳曼语。纳粹分子对历史的解读与许多考古发现不一致,却奠定了意识形态的基础,认为其他"种族"——比如来自东欧地区的种族——具有某种受基因制约的先天劣等性。第二次世界大战结束后,许多德国的考古学家驳斥了这种观点,他们认为文化技术以及语言的传播与移民扩张的民族无关。从那时起,人们便普遍认为,新石器时代和青铜器时代在欧洲的扩张是通过当地居民对新技术的学习和掌握来实现的。

现在,基因信息揭示的情况与上述论调完全相反。实际上,人类早期历史中两大时代的更迭与移民浪潮密不可分,新来的移民在很大程度上取代了原先的定居者。8000年前的进步来自安纳托利亚,5000年前的进步来自东欧,虽然纳粹分子可能会不太高兴,但新发现的这些考古学证据可以部分理解为对20世纪上半叶考古遗传学的部分恢复。不过,这种看法或许太过简单。通过基因信息,我们发现,一个移民与文化交流之间相互影响的关系十分复杂,无法简单地根据族群区分和判断。

虽说新月沃土的狩猎采集人群发展起来的农业是从安纳托利亚地区传入欧洲,不过,在很大程度上,推动农业发展的因素是欧洲不断变暖的气候,以及大量野生谷物种类的生长和繁殖。来自草原的移民浪潮也不能证明进步是某一族群"优等性"的结果，因为草原上的游牧者不只可以追溯至近东地区的移民，也可以追溯至古老的狩猎采集人群。虽然草原移民给欧洲带来了青铜手工制品，但他们最终实现从游牧业到农业的转型是在来到欧洲后。他们普遍接受了欧洲当地的生活方式，同时通过革新技术，将这种生活方式变得更加丰富。除了移民，交流往来也一直扮演着重要的角色。欧洲人就是交流往来的产物，身体里至今还保留有移民、驱逐和合作的痕迹。

民族的界线不是基因的界线

没有人会携带能够将他识别为某一族群"纯正"成员的基因。那些一再重申的，认为日耳曼人、凯尔特人、斯堪的纳维亚人，甚至每个民族都拥有特殊基因的陈旧观点，基本上都被驳倒了。诚然，根据伊比利亚半岛到乌拉尔山脉某些有规律的基因变异，遗传学家能够推断出一个人来自哪里，但因此将基因的差异与民族的界线混为一谈，则无异于在色谱中划分出单个颜色。民族和色彩之间的过渡十分自然，因此我们只能测量两个人或者两种颜色的"量化差距"，而无法构建种群类别，至少无法构建合理可信的种群类别。

从基因上看，一个普通的弗莱堡人可能更像斯特拉斯堡人，而不是海德堡人。尽管前两者生活在两个相邻的国家，而后两者生活在同一个联邦州里。消除弗伦斯堡人和帕绍人之间的基因差异需要在欧洲的东南部地区穿越6条边界——该地区曾经在20世纪90年代因臆想出来和真实存在的种族差异而爆发了激烈的战争。通过欧洲某种有规律的基因差异变化梯度分布规律，人们可以绘制出一张可靠的地图，却无法绘制出一张民族界线标记清晰的地图。唯一的例外就是冰岛这类岛屿，或者更准确地说是撒丁岛。长期以来，撒丁岛上基本没有基因交流，所以与其他地方相比，生活在这里的人群的DNA更加同质化。

这种梯度的分布原理适用于全世界。在欧洲的地理分界线（如乌拉尔山脉或博斯普鲁斯海峡）附近，DNA的延续并没有断裂。地中海沿岸也没有出现完全不同的DNA。基因差异变化完全沿着早期现代人从撒哈拉以南的非洲地区向全世界扩散的方向进行。在遗传信息上，北非人与欧洲人以及西亚人更为接近，因为这些地区是人类从非洲走出来后，最先定居并不断进行基因交流的地方。太平洋地区的人与上述人类族群的基因差异比较大，差异更大的是北美洲原住民，而差异最大的是南美洲原住民——南美洲是人类最晚定居的大陆。从非洲东部地区到火地岛，通常情况下，随着空间距离越来越近，各个族群的血缘关系会变得越来越近，少数民族也不例外。因此，仅凭借基因，我们无法将索布人与生活在他们周围的撒克逊人、勃兰登堡人及波兰人区分开来，同样，我们也无法区分巴斯克人与他们周围的西班牙人和法国人。

语言的界线主要由文化和政治的分化过程导致，整个社会因此更加多元，但"多元共存"有时会引发严重冲突。用基因来解释种族之间的冲突至少在今天无法，或者也不应该行得通。这都是遗传学的"功劳"。荒谬的是，因为20世纪完全不科学的论证，遗传学至今在很多人心中仍然享有完全与其所作所为——重新将基因论证放回民族主义的意识形态里——相反的极高"声誉"。不过，今天的遗传学与种族主义思想的联系已经不比从前。

非洲，黑色的板块

虽然世界上有多种基因，但非洲大陆的基因多样性却是最丰富的，因为它是人类的摇篮，现代人皆来自此地。向全世界扩散的同时，早期人类也在广阔的非洲大陆上互相往来，所以今天非洲的基因组含有最多的分支。地理空间距离越近、基因越相似的原则也适用于非洲，只是这里的基因变动情况是全世界之最。具体来说，东非和西非居民的DNA差别大约是欧洲人和东亚人的2倍。因此，从基因的角度来看，地球上的所有人都是非洲多样性的部分体现。区分非洲以外的人与非洲人的唯一依据就是他们与尼安德特人的亲缘关系。此外，澳大利亚人和大洋洲人之间的关系还取决于其受到丹尼索瓦人影响的程度。

就算知道了这些基本的事实，对许多非洲以外的人来说，这片大陆依然是一个"同质体"，因为我们通过肤色可以轻易地将这里的居民与其他地方的人区分开来。超过9亿人生活在撒哈拉以南的非洲地区，他们几乎占据了全世界人口总数的八分之一。这里的基因"光谱范围"比全世界其他地方都更宽泛。尽管如此，与欧洲形成鲜明对比的非洲多样性目前仍在被许多人强行统一。虽然我们今天已经不再称撒哈拉以南的非洲地区为"黑非洲"（这种叫法在殖民时期曾经很普遍），但其他有类似指向的称呼依然存在。撒哈拉以南非洲地区的居民及其后裔被标记为"黑色"，以区别于"白色"。美国的人口普查部门在2000年进行人口普查时，美国公民需要填写自己的"种族"，而所有祖先来自撒哈拉以南非洲地区的人都被划分为"黑人"。

把人划分为不同类别显然不是种族主义,这更多体现了人类对自我进行分类和区分的渴望。然而,仅仅根据肤色的差异来细分人类是十分狭隘的。普通的爱尔兰人显然比生活在意大利南部地区的居民皮肤更白皙,可两者都被认为是"白人"。根据肤色,我们或许很难区分皮肤黝黑的撒丁岛人或安纳托利亚人与生活在非洲南部地区的科伊桑人,但如果认为他们的肤色没有任何区别,那就大错特错了——即使这样,他们还是被认定为"黑人"。

人们应该很清楚肤色无法归类,尤其当他们来到商场里种类繁多的化妆品柜台前,看到琳琅满目的色彩搭配时。与其他特征相比,"黑色"的皮肤至今仍对于个体的认知有着非同一般的影响。如果不是这样,人们讨论更多的肯定是美国历史上第一位黑人总统贝拉克·奥巴马的爱尔兰-苏格兰血统。正如我们今天所知,一个人的肤色受多种基因影响,因此,肤色的过渡没有明显的界线。可惜我们还不能理解这种"渐进差异",总是容易过分强调肤色,毕竟没有其他身体特征能够如此迅速地吸引我们。

实际上,乍一看,以肤色为证据,按地域来源来区别不同人,还是有几分合理之处的。治疗一名来自非洲西部地区的患者时,"一个会引起前列腺癌的基因在该地区频繁出现"对一名肿瘤专家来说十分重要。可是,这和真正的医学预测相差很远。即使疾病和药效在地域上的分布存在差别，研究基因起源也只能指出概率。例如，"免疫疟疾的基因缺陷同时可能导致对某些药物不耐受"的情况虽然常见于非洲，但只发生在某些地方的某些人身上。

在过去的几十年中，一个人的"起源地"是表明医学风险和机会的重要指标，人们一直都很重视。如今，这种方式已经被新方法超越。得益于科技的进步，研究人员可以毫不费力地检测单个病人的基因组，并完成更加可靠的诊断。这样便不需要按照种族、族群或者基因起源来分类，而是从每个人的具体情况出发，研究一个个独一无二的DNA混合体。至少在医学领域，这种平等的解决方法在未来的10年内将成为标准，毕竟基因组分析的费用会越来越低。不过，根据历史经验，基于外部特征进行差异化区分的需求在社会生活中也许还将持续很长一段时间。

曾经有过的民族和种族

人类的基因正逐渐朝向另一个方向发展。一段时间以来，我们体内的DNA越来越相似，而数千年前情况完全相反：人类开始在全世界定居，族群之间的分化和分离越来多，基因的差异越来越大。但几千年过去了，人类谱系中的这些分化又越来越趋同。这主要是因为流动性不断加强。今天，我们能够到达地球上的几乎任何地方，并与当地原住民留下后代。在过去1万年中，欧洲人和西亚人的基因差异减少了一半多——从全球范围来看，该差异也越来越小。可以预见，人类的流动性还将继续增加，因此，这种变化趋势也将继续保持。

对那些试图将每个国家的人按照基因标准来分类的人来说，上述现象并不是一个好消息。随着全世界人类的DNA越来越相似，民族和"种族"的结构体系会比以前更难保持。正因为如此，拥护者们也越来越激进地捍卫这些观念，一些已经从公众话语中消失很久的概念又复活了。"民族转化"或"外来渗透"这样的"斗争术语"正在传播蔓延，它们的依据是某种认为"每次移民都改变了一个族群的DNA及其文化"的观点。这实际上是在重述20世纪初期的文化–语言–民族理论，即文化和社会主要由人类基因的共性决定。自身文化的作用也被该理论的支持者拔高和贬低：他们认为文化有着突出的价值，却不相信文化具有吸引外来人员的魅力——完全没有认识到成功的社会对外来移民具有的融合力。美国和许多欧洲国家，包括德国，都能够证明这种融合力的确存在。在德国，如今将近四分之一的居民拥有移民背景，他们并未彻底颠覆这个共和国。今天，许多人仍希望保护德国社会或其他西方社会不受移民文化影响，为此，他们尝试将自己的"静态成功模式"与外来移民隔离开来。然而，如果不依靠过去几十年里外来移民的帮助，这种模式是不可能成功的。

独立于移民压力和外来人口比例的现实情况之外（甚至与之背道而驰），近几年来，实行国家孤立主义的呼声再次高涨。进入政府的民族主义政党和右翼民粹主义政党越来越多，组成了自己的欧洲议会党团。他们通常只在拒绝外来移民和模糊地承认"民族的欧洲"上达成一致，而该语境下的"民族的欧洲"是指有边界的"民族多元主义"。因此，他们不仅拒绝外来移民进入欧洲，还反对"人口流动"概念本身——只有当每个民族都接受"边界"时，被界定出来的民族结构才会发挥作用。在此意义上，他们厌恶"世界公民"，认为这些人对家乡缺乏忠诚。2018年，德国联邦议会的一个党团主席强硬地指责"全球化阶层"因控制信息而垄断了"文化和政治上的话语权"。将流动的"数字信息工作者阶层"视作单独"人种"时，他甚至（也许是无意地）构建了一种基因上的联系。

否定人类流动性和国际性常是反犹太主义思想的论调。汉娜·阿伦特（Hannah Arendt）分析了纳粹分子痛恨犹太人的原因,她认为,在纳粹分子看来,犹太人似乎建立了一个超越国家层面的网络。这个网络通过共同的基因以及"上帝选民"的地位来相互联结,因此犹太人可以在不同的国家施展自己的能力,不会产生任何"乡情"。

尽管有关"犹太基因"的观点早已被驳斥,但仍然得到广泛传播。例如,作家蒂洛·萨拉钦(Thilo Sarrazin)2010年接受报纸采访时就曾经说:"所有犹太人都拥有某种特定的基因。"对于这个问题,他其实没有弄懂一些基础知识。许多阿什肯纳兹犹太人(aschkenasische Juden)——那些祖先在欧洲中部和东部地区生活了数百年的宗教信徒——的确携带相似的基因成分,可以追溯至他们在近东地区的起源以及中欧人和东欧人的遗传混合。严格的婚姻传统使犹太人在几个世纪以来,主要和信仰犹太教的人生儿育女,因此能够保留下一种与非犹太族裔不同的基因特征。不过,这并不会导致阿什肯纳兹犹太人共享单独的基因,而是会让某种特殊遗传混合更频繁地发生,其成分主要来自欧洲东部和近东地区——我们还在图林根人、撒克逊人和勃兰登堡人的基因组里发现了阿什肯纳兹犹太人身上的东欧DNA成分。萨拉钦随后又提出另一个观点,认为除了犹太人,巴斯克人也拥有某种特定的基因。这个观点同样十分荒谬。

"智力基因"的有限作用

今天，没有一个严谨的科学家会宣称，民族、宗教或者文化的界线能够在基因上得到证实，但是在其他问题上，专家们的看法却没有统一。例如，世界上的不同地区是否存在基因造成的智力差异？几年前，DNA结构的共同发现者詹姆斯·沃森针对该问题的"声明"引起了轰动。这位诺贝尔奖获得者2007年在一次采访中表示，非洲人的智力水平比欧洲人要低，虽然之前所有实验的结果都支持相反的结论——并非如此。他无法指出任何已经被证实的具体基因差异，却坚信在未来几年内会发现相关的证据。这段言论演变成一场丑闻后，沃森解释说自己的观点被误解了。他只是想清楚地表达，不同的人类族群的确有基因差异，人们很快就会在某个族群——根据他的猜测，这个族群不会是有色人种——的基因里发现一种能带来较高智力水平的成分。

迄今为止，沃森的预测尚未实现，也许永远都无法实现。事实上，虽然研究人员近年来发现基因组里某些微小组成部分与较高的智力水平有一定联系，但这些基因片段只能解释一部分智力差异。除此之外，研究人员并没有发现相关的地域分布中心：在全球范围内，促进智力提高的基因突变体是均匀出现的，当然也出现在非洲。不排除在以后的某个时间点，考古遗传学家会找到一个让某个地区或族群里许多人的智力高于一般水平的基因片段。然而，这基本上是天方夜谭。考古遗传学家现在已经检测了数百万基因组，并进行了大量智力测试。如果某个群体较高的智力水平真的由基因决定，这种神奇的基因应该早就被识别出来了。

总之，基因的作用不可高估。最近几年关于基因对身高的影响的研究结果证明了这一点。影响身高的大约100个基因片段以及它们在地域上不同的分布情况已经得到确认。实际上，环境条件更为重要。在世界上大部分地区，当今人类的头颅尺寸比其父母更大的原因是营养状况得到大幅度改善。没有人会认为，这种出现在三代之内的头颅大小差异由基因变化导致。同理，在智力测试中取得高于1950年平均水平的成绩也不能说明今天更多人拥有"智力基因"，这其实是因为影响智力的条件变得更好了，如高等教育毕业率大幅提高。

提高智力水平的基因片段与人格的发展并非完全没有关系。与普通人相比，一个基因条件不好的人可能在完成学业方面会遇到更多困难——除非其他因素能弥补这个缺点，比如社会地位。文化以及其他外部因素比基因要重要得多，否则就不会有大量教育研究证明个人学历与其父母的收入的确相互影响。

从基因特征对照和智力测试结果中推论出"智力基因"存在是有问题的。智力其实就是智力测试的标准。换言之，常规的测试内容主要反映不同社会认为重要的东西。因此，在某些人群中，高智商和特定基因片段之间的关系或许只能证明，通过某项测试时，该群体平均表现情况要好于其他人群。如果换成以不同社会的要求为标准的测试，则同一群体的测试结果有可能会变得很差，另一个群体会变得更好。虽然可以让一个跳高运动员和一个专门跑100米的运动员一起参加短跑比赛，但我们很难使用这种方式来判断他们两个人中到底哪一个更擅长运动。

对基因是否影响智力的研究结果虽然驳斥了有关地域甚至民族之间智力差异的理论，但没有使伦理争论变得多余。如果高效的基因研究能在相对较短的时间里发现影响智力的DNA片段，那么在接下来几年、几十年的时间里，人们关于基因倾向的认识将会明显变得更为深入和开阔。如今，考古遗传学家已经能够部分解读孤独症以及精神分裂症的基因表达。没有人可以精确预计未来我们借助基因组分析还能"创造"出哪些性格特征。然而，如果花费几欧元或几美元会同时换来性格特征和医学风险，人们应该怎样应对？如何解决各种不一样的、高度复杂的伦理问题是人类面临的巨大困难，而大量资金正在流向基因研究，也许这些研究目标不久后就会实现。例如，2012年成立的中国国家基因库（China National Gene Bank）不仅计划破译人类的基因，还计划破译所有生物的基因。位于美国加利福尼亚州的全球最大的个人基因组服务商23andMe的重要的股东就是数据研究巨头谷歌。

设计人类的诱惑

　　基因研究的发展就如同研制一架超音速飞机，它光明的未来让我们着迷，也让我们对其技术上可能暗藏的风险感到担忧。即将突破音障的我们并不知道自己会听到怎样的爆裂声。不过，我们依然有理由乐观地看待这一切。人类身后有着悠久的进化史，感谢一系列幸运事件的组合让我们拥有了一个令人难以置信、无所不能的大脑。就生物进化的时间概念而言，从人类开启农耕文明到过上定居生活也就是一眨眼的工夫。在此之后，我们按照自己的需求建造世界，服从自然，了解自然规律——以及人类在这场伟大的游戏中扮演的渺小角色。今天，我们正处在人类历史上或许是最激烈的一次革命的边缘。

　　破译人类的基因组只是这条道路的起点。作为这个星球上最高级的生物，我们的最终目标是自主掌握人类的进化。直到2015年，遗传学家才研究出一种名为"基因剪刀"（CRISPR / Cas）的技术。[24]如今，"基因剪刀"已经成为基因技术标准方法，可以有针对性地修改生物体的基因组，发展可能性不言而喻，尤其在医学领域，发现癌症和其他疾病的基因易感性后，医生能够使用基因剪刀切除和修复基因。细菌和病毒或许会被基因改造成"对付其他种类菌株，同时不伤害人类"。这类基因技术甚至可能是解决人类将要面临的抗生素耐药性难题的重要方法。

　　可供选择的治疗疾病医学方案并不少，但都包含许多未知因素。改变基因是否会在结束一种疾病时引发另一种疾病？这个问题今天仍然没有确切的答案。因此，作为一种治疗手段，"基因剪刀"距离常规的实际应用还很遥远。不过，它在人类干细胞上的初步尝试已经开始了。2018年年底，中国科学家贺建奎宣布一对经过基因组编辑的婴儿诞生。贺建奎表示，他在胚胎发育阶段前就已经剪除这对双胞胎露露和娜娜的CCR-5受体，目的是保护她们不受艾滋病病毒感染。这种人为干预方法相对简单，毕竟科学家们已经深入研究过CCR-5基因，而且也几乎没有这么操作的必要，因为中国的艾滋病病例较少,而且已经能够通过药物手段得到很好的控制。变异后的CCR-5基因反而会使人体更加容易感染会引起致命发烧的西尼罗河病毒——目前还没有针对该病毒的有效治疗方法。许多证据表明,露露和娜娜的意义并不像贺建奎宣称的那样是预防艾滋病,它是一次科学上的实践探索。

如今没人能预测人为干预是否会给这对双胞胎带来预料外的远期效应。"基因剪刀"技术的医学潜力十分巨大,但不进行足够的风险评估就盲目应用,无疑会带来负面后果。对此,全世界(包括中国国内)的反响显示,大多数科学家愿意参与伦理讨论,并采取相应行动。露露和娜娜或许将整个世界从沉睡的状态中唤醒,启发了一场早该进行的讨论。

不管怎样,新技术黑暗的一面是显而易见的。如果越来越多的遗传因素被确定与疾病无关,而与智力、身高和个性情况等人体特征有关,那么借助"基因剪刀"技术,久闻大名的"设计师婴儿"可能距离我们又近了一些。即使在今天,经过基因诊断,存在唐氏综合征风险的未出生的婴儿也会被流产。"基因剪刀"技术此时被认为是符合伦理道德的——不是扼杀一个未出生的生命,而是根本就不让他(她)出生。父母希望孩子健康成长完全可以理解,"基因剪刀"技术能够实现这个愿望。但让孩子拥有可以带来更高智力水平或者被大多数人认可的外观（如白皙的皮肤和蓝眼睛）的基因，难道不也是可以理解的愿望吗？从一个健康社会到一个模型化社会的过渡很可能没有明显边界。对西方国家来说，至少在当下，上述情况通常面临着众多伦理和法律阻碍。掌控基因技术赋予了人类更大的权力，但如何应对迄今为止还无法预测的相关机会和风险，无疑是我们在未来几年里，甚至几十年里将要面临的最重要的任务之一。

控制基因技术的过程注定不会一帆风顺，毕竟，这不只是一个"禁用新方法"的问题，更何况，"禁令"总是很难得到有效执行，就像中国的基因编辑婴儿警示的那样。然而，搁置新方法必须说明理由，特别是要向所有那些能够通过基因编辑技术留住生命或减少病痛的人解释清楚。在大多数西方国家，是否使用基因技术来保护人们免受疟疾侵害是一种道德辩论，而在许多非洲国家，该辩论却事关生死。

无边无际

我们人类自己似乎就是这次基因之旅的向导，过去100年的发展已经证明了"旅行"速度能够达到多快。其间，全世界人口数量增加了将近3倍,从不到20亿人增长到75亿人——自1970年以来,人口增长量已经赶上过去200年来的总和。虽然人口数量不是唯一的衡量标准,但它显示出我们这个物种在进化上的执行能力。与此同时,这种"成功"也是今天我们需要面对的几乎所有挑战的源头。更多的人消耗更多的资源,大量温室气体的排放加剧气候变化。世界上越来越多的地区可能会变得不再适宜人类居住,其中绝大部分会陷入人口众多同时又资源匮乏的困境中。看一下新闻就知道,由此产生的危险再怎么高估也不为过。尽管如此,虽然有时很难相信,但人类今天的发展势头依然十分迅猛,年复一年,几乎在所有领域,我们都过得越来越好。仅列举几个指标:全世界的富裕程度在持续上升,而正在遭受饥荒、致命疾病折磨的人数比例,以及孕妇和婴儿的死亡率都在持续下降。

发展还将继续,尤其因为对迁移与交流的追求是人类天性的一部分。全球范围内的人口扩散奠定了全球化社会的基础——这种社会形态在过去的上千年里变得越来越清晰,最近更是以惊人的速度发展。如今,全世界几乎一半的人都在使用互联网,存储数据量以及智能手机能够调取的知识迅速增长。未来几十年内,数字化将渗透社会各个领域。对于基因医疗的巨大期望也建立在数字化和日益高效的大数据分析与处理的基础之上。这些数据包括了具有数十亿个碱基对的人类基因组，从中我们可以发现更多生命的奥秘。我们的目标永远都是深入了解我们自己和我们的本性。

　　未来的世界将是一个网络化、全球化的社会。人类正沿着一开始就选择的道路不断前进。虽然不知道它到底在哪里结束，但有一点是确定的：封闭与僵化是一条死胡同，这样的世界从不存在。人类的旅程不会停止。我们会触及界线，但不会因此受限。

　　我们人类生来就不是为了接受限制。

致　谢

　　约翰内斯·克劳泽感谢以下人士对本书每一章节的校阅：沃尔夫冈·哈克、亚历山大·赫尔比希、亨里克·海涅、斯万特·帕博、凯·普吕费尔、施泰凡·施费尔斯以及菲利普·施托克哈默尔。此外，本书的两位作者要对哈拉尔德·梅勒表示特别感谢，他丰富的知识以及关于史前欧洲和欧洲早期历史的叙述让我们获益良多。

　　如果没有无数同事的科学研究，本书便无法介绍人类进化和欧洲基因历史的相关发现，尤其感谢以下人士：阿德里安·布里格斯、赫尔南·布尔巴诺、阿纳托里·德雷夫杨科、付巧妹（音译）、理查德·爱德华多·格林、热奈特·科尔索、丁·基尔希尔、安娜－萨普夫·马拉斯皮纳斯、托米斯拉夫·马里希克、马蒂亚斯·迈耶尔、斯万特·帕博、尼克·帕特森、凯·普吕费尔、乌多·斯滕泽尔、大卫·赖西、蒙特戈里·斯拉特金，以及其他所有尼安德特人基因组研究团队的成员。

　　在此，我们还要衷心地感谢马克·阿特曼、库尔特·阿尔特、娜塔莎·阿罗拉、赫尔韦·博赫伦斯、简·布伊克斯特拉、亚历山德拉·布兹洛娃、大卫·卡拉梅利、斯图尔特·科尔、尼古拉斯·康拉德、伊莎贝拉·科雷威克尔、多米尼克·德尔萨特、多罗特尔·德鲁克尔、马特娅·哈迪雅克、弗雷德里克·哈尔格伦、斯文德·汉森、卡特丽娜·哈瓦蒂、米夏埃拉·哈尔贝克、让–雅克·胡布林、丹尼尔·胡森、克里斯蒂安·克里斯蒂安森、科里娜·科尼珀尔、卡勒斯·拉卢尔扎·福克斯、伊奥斯夫·拉扎利蒂斯、马克·里普森、桑德拉·罗施、弗兰克·麦克斯纳、伊莱恩·马迪尔森、迈克尔·麦克考尔米克、凯·尼瑟尔特、伊尼格·奥拉尔德、鲁多维奇·奥兰多、恩斯特·珀尔尼卡、扎彼娜·莱茵豪尔德、罗贝尔托·里施、海伦·鲁伊吉尔、帕特里克·瑟马尔、彭图斯·斯考格伦德、薇薇安娜·斯隆、安妮·斯通、吉利·斯沃博达、弗雷德里克·瓦伦丁、约阿希姆·瓦尔、阿尔伯特·钦克，以及许多其他来自考古学、人类学、生物信息学、遗传学和医学的同事。没有他们，我们绝对无法重新叙述这些有关欧洲历史的大量故事。

约翰内斯·克劳泽对图宾根大学的同事们，以及位于德国城市耶拿的马克斯·普朗克人类历史科学研究所的同事们表示十分感谢，特别感谢阿依达·安德拉德斯、基尔斯滕·博斯、古伊多·勃兰特、安娅·福尔特万格勒、米夏·菲尔德曼、沃尔夫冈·哈克、亚历山大·赫尔比希、郑宗元、马塞尔·凯勒、本·克劳泽–克约拉、阿迪特亚·兰卡帕里、安吉拉·莫驰、阿里萨·米克尼克、亚历山大·佩尔策、考西莫·泼斯特、韦蕾娜·舒纳曼、玛利亚·斯支鲁、阿西尔德·瓦格纳、马利克·范·德·鲁斯德莱希特、王传超、克里斯蒂娜·瓦里纳，以及其他在本书提及的研究项目中发挥了重要作用的人。

乌尔斯坦出版社的克里斯汀·罗特尔对本书的设计，以及杨·马丁·奥吉曼对后续微调工作都给予了帮助与支持。本书的两位作者感谢彼得·帕尔姆绘制了结构清晰的地图。此外，我们还要感谢为本书提供插图的拉尔夫·施密茨、弗兰克·温肯·本斯·维罗拉，以及帮助拍摄了本书作者照片的约翰内斯·昆泽尔。

约翰内斯·克劳泽十分感谢他的夫人亨里克，感谢她与作者讨论本书内容和医学遗传学的未来。他还要感谢他的父母玛利亚、迪特尔以及他的姐姐克里斯汀，感谢他们对整本书手稿的校对提出的建设性意见。另一位作者托马斯·特拉佩向克劳迪娅、克拉哈和里奥表示感谢，感谢他们为本书所做的一切。

注 释

1. 聚合酶链式反应模拟了每天在人类身体内部（新体细胞形成过程中）发生数百万次的基因组复制过程。研究人员实验时使用了与人体内的酶相似的酶。通过不断复制，1个DNA分子在几个小时内就可以产生10亿个分子。

2. 人类的遗传信息是通过父亲和母亲各自的23条染色体来完成传递的。父亲提供的是Y染色体还是X染色体，决定了孩子的性别。

3. 当时，破译人类基因组就像一个非常巨大的蛋糕，被1000多个实验室切分，这些配备价值数千万美元测序仪的实验室成为名副其实的"工厂"。多年来，每个实验室都夜以继日地对多达数百万个碱基对进行测序，所有实验室的测序结果最后将会被整合成一个庞大的数据库。

4. 然而，矛盾的是，新的信息可能还会加重之前的不安。孩子出生后不久，父母就会收到书面通知，告知他们的孩子在一生中将会面临哪些风险。这些信息可能超出了不少人的认知范围，因为测序仪给出的数据需要与统计概率结合在一起进行分析。

5. 从19世纪开始，考古学家们就一直在研究骸骨和古代人类遗留下来的物品——器皿、武器、首饰等，试图从中推断出人类的祖先如何生活、如何扩散到世界各地。长久以来，考古学研究和做数独游戏没什么区别：从多个出土物出发，再结合其他线索证据，逐渐构建出一个完整的图像。例如，如果在骸骨的旁边发现了某种制作样式的陶制碗，又在另一处骸骨旁发现了一个样式相同的碗，那么考古学家会推测它们属于同一个文化时期，再根据附近的另一些出土物，比如碑文或工具，确定不同时代的先后顺序。
到了20世纪，对于时代的划分依然几乎全部建立在粗略估计的基础上，考古学家甚至无法估算出没有任何陪葬品的骸骨的年代。直到放射性碳测定方法问世，这种情况才得到改善。如果没有放射性碳测定方法，现代考古学是无法想象的。1946年发明的"碳14方法"主要将一个物理常量——放射性碳的衰减——作为测量参数，该物质广泛存在于由有机材料制成的考古出土物中，就像一个内置的时钟。"碳14方法"建立在碳衰减的基础之上，而碳是生命的重要组成部分。通过光合作用，它找到进入植物的途径，然后借由食物链来到人类和其他动物体内，并部分地再次被释放回大气内。在大气中，遭受太阳辐射的碳被转化为不稳定的放射性同位素，即"碳13"和"碳14"。除了这些不稳定的同位素，植物生长时也会吸收碳12——一种尚未被太阳辐射改变的原始稳定碳变体。数千年里，不稳定同位素碳13和碳14不断发生变化，试图变回稳定的碳12。碳12永远以相同的速度（物理常量）运动，不受外部因素影响——放射性碳测利用的就是这种稳定性。在许多考古现场，含碳物质很常见，多是骸骨或者是烧焦的木头。通过计算稳定的与不稳定的碳同位素的比例，考古学家可以大致算出木头或骸骨中不稳定同位素产生于何时，即其所属的生物体生活的时代。自20世纪60年代以来，"碳14方法"已经成为考古学的标准处理技术。如今，考古学家在此技术的帮助下明确了数百万件考古出土物的年代。这些数据对考古遗传学来说必不可少。虽然骸骨里的DNA打开了一扇通往历史的窗，但如果不知道这扇窗是什么时候打开的，所谓的"考古发现"也就只剩下一半的价值。

6. 每个人都会从父母那里遗传30~60个这样的基因突变，其中大部分来自父亲，因为精子中的细胞会不断复制与再生，所以出现更多突变。卵子则不同，母亲还是女孩时卵巢内就已经有卵子了，它们不会再"更新"。

7. DNA的"生长蓝图"功能建立在翻译和转录的原理基础之上。作为信息的载体，DNA在细胞核中被读取，并被转录到RNA中。RNA负责将DNA的信息运输出细胞核。核糖体就像是细胞内部的小蛋白质工厂，它读取这些信息，然后根据信息制造出蛋白质。RNA从细胞核的DNA中读取的碱基对顺序对蛋白质生产起决定作用。

8. 核DNA（拥有33亿个碱基对）的信息密度远远高于仅具有1.65万个位点的线粒体DNA，但每个细胞中只有两个核DNA，每个核DNA分别从父亲和母亲那里遗传而来。与核DNA不同，线粒体DNA只含有500~1000个以相同形式存在的碱基对。

9. 当一名女性分别生育了一个女儿和一个儿子时，她的线粒体DNA会遗传给她的这两个孩子。不过，她的孙辈只能从她女儿那里继承她的线粒体DNA，再往下一代，也只有她的外孙女可以将她们的线粒体DNA遗传给自己的孩子。从理论上讲，如果这种遗传持续了1000年，每个女儿又都生了一个女儿和一个儿子，假设代际间隔是30年，那么在这1000年中，总共有33名女性和32名男性具有相同的线粒体DNA，但男性的线粒体DNA无法遗传给自己的孩子。如果每个女儿生的是两个女儿，在同样的时间范围里，不管你信不信，具有这种线粒体DNA的女性不会少于80亿名，还要加上这些女人的儿子。通过线粒体DNA来探寻家谱，我们会发现在某一个时间点，我们和不同的人都拥有一位共同的女性祖先。今天已经没有人携带远古夏娃（Ur-Eva）的"正统"线粒体DNA，即使她是我们所有人的祖先。在过去的16万年中，人类身体内部发生了大量基因突变，这些突变导致无数分化，因此出现了各种不同的线粒体DNA谱系。

10. 两个现代人种之间的线粒体DNA差异越大，它们发生分化的时间就越早。线粒体DNA大概每3000年发生一次突变，因此根据计算，一个生活在今天的人的线粒体DNA中应该存在33个他10万年前的祖先们所没有的突变。当两个人种发生分化时，比如尼安德特人和现代人，该效应还会翻番：10万年内，一个人种发生了大约33次基因突变，另一个人种也发生了33次基因突变，结果总共相差66次。举个例子，观察3个人种（丹尼索瓦人、尼安德特人和现代人）的线粒体DNA时，我们可以借助分子钟确定，哪个人种在什么时间从哪个人种分化出来。同理，我们也可以大致估计黑猩猩与人类发生分化的时间：通过今天这两种类人猿的线粒体DNA的不同之处，研究人员可以算出它们大约在700万年前完成分化（然而，对于这段时期，分子钟还是估算距离今天较近的现代人谱系分化时间更可靠一些）。核DNA的基因突变更频繁——与线粒体DNA每3000年发生一次突变不同，核DNA每年发生3次突变。针对核DNA，分子钟的工作原理并未发生改变，只是需要测量更多的基因突变。

11. 分化发生在非洲，扩散到伊比利亚半岛需要一段时间。

12. 每一个人都有父母2人，祖父母和外祖父母4人、曾祖父母和曾外祖父母8人、高祖父母和高外祖母16人。这样总共统计了四代人，共80~100年。如果人们把自己的祖先往前推二十代，即400~500年，他们会拥有100万个祖先；往前推三十代，他们则拥有超过10亿个祖先——这远远超过了650年前地球上的总人口数量。自查理大帝时代以来，目前至少经过了四十代人，今天的人们拥有超过1万亿个"祖先"。当然，这只是一个"理论数值"：当时不是所有的人都有孩子，而一些人可能会有很多孩子。如果往前追溯历史，一个氏族里的支系大部分会集中和交会在一些孩子比较多的先辈身上。由此可见，所有在600~700年前生育了孩子，并且其后代至今仍在不断繁衍后代的人最有可能出现在今天所有欧洲人的家谱中。

13. 该时间段由研究人员根据另一个DNA分析计算得出，他分析的对象是一位生活在大约12万年前乌尔姆地区附近的尼安德特人，其线粒体DNA与目前已知的其他尼安德特人的线粒体DNA都不一样——其他尼安德特人生活的年代更晚，体内携带早期现代人的线粒体DNA。我们可以通过分子钟计算出，这两个族群的尼安德特人应该最晚是在22万年前发生分化的。在出现西班牙尼安德特人和完成这次分化之间的某一时间点，早期现代人来到了欧洲，并将他们的线粒体DNA带给了尼安德特人，但混合具体发生在哪里——有可能发生在近东地区——目前依然是一个谜。

14. 在整个欧洲和亚洲，我们已经发现的尼安德特人骸骨最多有350具。迄今为止，德国一共出土了6具骸骨，而尼安德特谷是位置最靠北的遗址之一。

15. 虽然非洲大陆也存在天然屏障，但是早期的屏障没有现在这么多，大陆也没有今天这么危险。比如，当时的撒哈拉沙漠就比今天要小得多，有时甚至还被绿色植被完全覆盖。非洲早期现代人之间的"障碍"相对较少，因此有了更多基因交流。

16. 目前我们只能猜测"归隐"是否帮助尼安德特人躲避了危险，比如其他人种带来的威胁。不管怎样，尼安德特人的进化并没有从这个小基因库中受益。可能因为可供挑选的伴侣是有限的，所以尼安德特人身上的有害基因才被更多地遗传下来——由于关系密切，他们的父母在多数情况下都携带了相同的有害基因突变。丹尼索瓦人的情况比尼安德特人更严重，他们的DNA显示出他们之间有大量的近亲繁殖行为。因此，"丹尼索瓦女孩"的祖先应该也经过了多次近亲繁殖，毕竟亚洲大部分地区在冰期处于封闭状态。据推测，丹尼索瓦人生活的区域大小或许相当于中等规模的德意志领地，大片土地上通常只有几百人。在寻找配偶方面，史前人类并没有太多的选择，结果有害的基因匹配变得越来越多。

17. 如果不是这样，那么现代人的语言就应该是在他们离开非洲后才发展起来的，而这将导致今天不同人类族群的语言水平存在差异，比如与世隔绝的民族和不断与外界交流的民族。但今天所有人的语言水平都差不多，因此，我们可以排除这种猜想的可能性。

18. FOXP2基因是一种"转录因子"，它可以开启和关闭基因组里其他数百个基因。正好是这一功能影响了语言能力的具体原因目前尚未查清。英国的"KE-家庭"案例在科学界格外出名：该家族半数成员都有语言表达或理解方面的障碍，他们从自己的父母一方那里继承了发生突变的FOXP2基因。我的博士学位论文专门分析研究尼安德特人的核DNA——它们的整个基因组被破译之前几年——然后发现，黑猩猩和现代人的FOXP2基因有两个组成部分存在区别，尼安德特人和现代人则没有这样的区别。FOXP2基因的改变发生在现代人与尼安德特人分化前。因为FOXP2基因似乎只是间接作用于语言功能，所以我倾向于一种保守的观点：通过比较尼安德特人和现代人的FOXP2基因，我们至少目前无法得出尼安德特人没有语言能力的结论。

19.第二次世界大战爆发前不久，考古学家在位于今天以色列境内的斯虎尔洞穴（Skhul Höhle）中发现了一些人类的骸骨，这些骸骨应该来自一名10万年前的古人类，其祖先生活在撒哈拉以南的非洲地区。自此之后，考古学家几乎每年都能在非洲以外的地方挖掘出新的有关现代人的出土文物。这些早期现代人有一个共同的特点，即如今的人类已经不再携带他们的基因。

20.我们知道，4200年前生活在非洲沙漠绿洲里的人并没有在今天的欧洲人身上留下任何基因，但这位生活在火山爆发后的"马金纳·格拉"却保留下了他的基因，这让以下猜想变得很真实：火山爆发使之前来到欧洲的现代人口数量急剧减少，甚至可能造成他们全部死亡——在此背景下的一次新移民浪潮里，我们的直系祖先，即奥瑞纳人，越过多瑙河走廊开始了他们的扩张。针对该猜想，考古遗传学家至今只发现两个来自奥瑞纳时期的基因记录，其中第二个经过基因测序的奥瑞纳人居住在大约38000年前比利时的格耶特（Goyet）地区，他携带着今天欧洲人的基因。

21.据猜测，亚洲猛犸象是跟随格拉维特人一起前往欧洲的。火山喷发导致欧洲巨兽大量死亡，它们腾出来的空间被亚洲物种趁机占据，当然这只是一种理论猜想。也有可能在奥瑞纳时期，欧洲巨兽就已经因为人类活动而灭绝，又或者格拉维特移民在欧洲大陆上继续他们的狩猎，最终将当地物种赶尽杀绝。

22.与南方的隔绝可以在基因上得到证明:2018年,我们破译了第一批来自冰河时期北非地区——摩洛哥的鸽子岩洞(Grotte des Pigeons)——的基因组。通过基因测序,研究人员发现,这些大约1.5万年前的古人类并没有与他们的欧洲邻居进行基因交流。

23.这里简单地将他们称作"迈锡尼人"(Mykener),尽管这个名字起源于19世纪,而且他们肯定不会这样称呼自己。

24.CRISPR是"规律间隔成簇短回文重复序列"的缩写。Cas代表"与CRISPR相关"。

参考文献

为了保证阅读的流畅性，本书避免使用脚注来说明参考文献的具体出处。下文列出了各章节参考使用的文献和资料。此外，书中的一些信息来源于对部分科研人员的采访，只要他们允许，本书均对他们的观点和解释进行了标注。本书并未多次标注重复的参考文献。

第一章

[1] MULLIS K, et al. Specific enzymatic amplification of DNA in vitro: the polymerase chain reaction. Cold Spring Harb Symp Quant Biol, 1986, 51 Pt 1: 263–273.

[2] VENTER J C, et al. The sequence of the human genome. Science, 2001, 291(5507): 1304–1351.

[3] International Human Genome Sequencing Consortium, Finishing the euchromatic sequence of the human genome. Nature, 2004, 431(7011): 931–945.

[4] REICH D. Who we are and how we got here: ancient DNA revolution and the new science of the human past. New York: Pantheon Books, 2018.

[5] PÄÄBO S. Über den Nachweis von DNA in altägyptischen Mumien. Das Altertum, 1984, 30: 213–218.

[6] PÄÄBO S. Neanderthal man: in search of lost genomes. New York: Basic Books, 2014.

[7] KRAUSE J, et al. The complete mitochondrial DNA genome of an unknown hominin from southern Siberia. Nature, 2010, 464(7290): 894–897.

[8] GREGORY T R. The evolution of the genome. Burlington, MA: Elsevier Academic, 2005.

[9] NYSTEDT B, et al. The Norway spruce genome sequence and conifer genome evolution. Nature, 2013, 497(7451): 579–584.

[10] CONSORTIUM E P. An integrated encyclopedia of DNA elements in the human genome. Nature, 2012, 489(7414): 57–74.

[11] KIMURA M. Evolutionary rate at the molecular level. Nature, 1968, 217(5129): 624–626.

[12] POSTH C, et al. Deeply divergent archaic mitochondrial genome provides lower time boundary for African gene flow into Neanderthals. Nat Commun, 2017, 8: 16046.

[13] KUHLWILM M, et al. Ancient gene flow from early modern humans into Eastern Neanderthals. Nature, 2016, 530(7591): 429–433.

[14] MEYER M, et al. Nuclear DNA sequences from the Middle Pleistocene Sima de los Huesos hominins. Nature, 2016, 531(7595): 504–507.

[15] REICH D, et al. Genetic history of an archaic hominin group from Denisova Cave in Siberia. Nature, 2010. 468(7327): 1053–1060.

[16] KRINGS M, et al. Neandertal DNA sequences and the origin of modern humans. Cell, 1997, 90(1): 19–30.

[17] KRAUSE J, S PAABO. Genetic Time Travel. Genetics, 2016, 203(1): 9–12.

[18] KRAUSE J, et al. A complete mtDNA genome of an early modern human from Kostenki, Russia. Curr Biol, 2010, 20(3): 231–236.

[19] LAZARIDIS I, et al. Ancient human genomes suggest three ancestral populations for present–day Europeans. Nature, 2014, 513(7518): 409–413.

[20] HAAK W, et al. Massive migration from the steppe was a source for Indo–European languages in Europe. Nature, 2015, 522(7555): 207–211.

[21] ANDRADES VALTUENA A, et al. The Stone Age Plague and Its Persistence in Eurasia. Curr Biol, 2017. 27(23): 3683–3691.

[22] KEY F M, et al. Mining Metagenomic Data Sets for Ancient DNA: Recommended Protocols for Authentication. Trends Genet, 2017, 33(8): 508–520.

[23] RASMUSSEN S, et al. Early divergent strains of Yersinia pestis in Eurasia 5,000 years ago. Cell, 2015, 163(3): 571–582.

第二章

[1] GREEN R E, et al. A draft sequence of the Neandertal genome. Science, 2010, 328(5979): 710–722.

[2] KUHLWILM M, et al. Ancient gene flow from early modern humans into Eastern Neanderthals. Nature, 2016, 530(7591): 429–433.

[3] MEYER M, et al. Nuclear DNA sequences from the Middle Pleistocene Sima de los Huesos hominins. Nature, 2016, 531(7595): 504–507.

[4] POSTH C, et al. Deeply divergent archaic mitochondrial genome provides lower time boundary for African gene flow into Neanderthals. Nat Commun, 2017, 8: 16046.

[5] PRUFER K, et al. The complete genome sequence of a Neanderthal from the Altai Mountains. Nature, 2014. 505(7481): 43–49.

[6] STRINGER C, P ANDREWS, The complete world of human evolution. Rev. ed. London; New York: Thames & Hudson, 2011.

[7] MEYER M, et al. A high–coverage genome sequence from an archaic Denisovan individual. Science, 2012, 338(6104): 222–226.

[8] FAUPL P, W RICHTER, C UFBANEK. Geochronology: dating of the Herto hominin fossils. Nature, 2003, 426(6967): 621–662.

[9] KRAUSE J, et al. Neanderthals in central Asia and Siberia. Nature, 2007, 449(7164): 902–904.

[10] ENARD W, et al. Intra– and interspecific variation in primate gene expression patterns. Science, 2002, 296(5566): 340–343.

[11] KRAUSE J, et al. The derived FOXP2 variant of modern humans was shared with Neandertals. Curr Biol, 2007, 17(21): 1908–1912.

[12] DE QUEIROZ K. Species concepts and species delimitation. Syst Biol, 2007, 56(6): 879–886.

[13] DANNEMANN M, K PRUFER, J KELSO. Functional implications of Neandertal introgression in modern humans. Genome Biol, 2017, 18(1): 61.

[14] FU Q, et al. Genome sequence of a 45,000–year–old modern human from western Siberia. Nature, 2014. 514(7523): 445–449.

[15] FU Q, et al. An early modern human from Romania with a recent Neanderthal ancestor. Nature, 2015. 524(7564): 216–219.

[16] FU Q, et al. The genetic history of Ice Age Europe. Nature, 2016, 534(7606): 200–205.

[17] KIND N C K–J. Als der Mensch die Kunst erfand: Eiszeithöhlen der Schwäbischen Alb. 2017: Konrad Theiss.

[18] CONARD N J. A female figurine from the basal Aurignacian of Hohle Fels Cave in southwestern Germany. Nature, 2009, 459(7244): 248–252.

[19] CONARD N J, M MALINA, S C MUNZEL. New flutes document the earliest musical tradition in southwestern Germany. Nature, 2009, 460(7256): 737–740.

[20] LIEBERMAN D. The story of the human body: evolution, health, and disease. New York: Pantheon Books, 2013.

[21] GRINE F E, J G FLEAGLE, R E LEAKEY. The first humans: origin and early evolution of the genus Homo: contributions from the third Stony Brook Human Evolution Symposium and Workshop, October 3–October 7, 2006. Vertebrate paleobiology and paleoanthropology series. Dordrecht: Springer, 2009.

[22] GIACCIO B, et al. High–precision (14)C and (40)Ar/(39) Ar dating of the Campanian Ignimbrite (Y–5) reconciles the time–scales of climatic-cultural processes at 40 ka. Sci Rep, 2017, 7: 45940.

[23] MARTI A, et al. Reconstructing the plinian and co–ignimbrite sources of large volcanic eruptions: A novel approach for the Campanian Ignimbrite. Sci Rep, 2016, 6: 21220.

[24] MAROM A, et al. Single amino acid radiocarbon dating of Upper Paleolithic modern humans. Proc Natl Acad Sci USA, 2012, 109(18): 6878–6881.

[25] KRAUSE J, et al. A complete mtDNA genome of an early modern human from Kostenki, Russia. Curr Biol, 2010, 20(3): 231–236.

[26] FELLOWS YATES J A, et al. Central European Woolly Mammoth Population Dynamics: Insights from Late Pleistocene Mitochondrial Genomes. Sci Rep, 2017, 7(1): 17714.

[27] MITTNIK A, et al. A Molecular Approach to the Sexing of the Triple Burial at the Upper Paleolithic Site of Dolni Vestonice. PLoS One, 2016, 11(10): e0163019.

[28] FORNI F, et al. Long-term magmatic evolution reveals the beginning of a new caldera cycle at Campi Flegrei. Science Advances, 2018, Vol. 4, no. 11, eaat9401.

第三章

[1] ODAR B. A Dufour bladelet from Potoc̆ka zijalka (Slovenia). Arheoloski vestnik, 2008, 59: 9–16.

[2] POSTH C, et al. Pleistocene Mitochondrial Genomes Suggest a Single Major Dispersal of Non Africans and a Late Glacial Population Turnover in Europe. Curr Biol, 2016, 26: 1–7.

[3] TALLAVAARA M, et al. Human population dynamics in Europe over the Last Glacial Maximum. Proc Natl Acad Sci USA, 2015, 112(27): 8232–8237.

[4] ALLEY R B. The Younger Dryas cold interval as viewed from central Greenland. Quaternary Science Reviews., 2000, 19(1): 213–226.

[5] BROECKER W S. Was the Younger Dryas triggered by a flood? Science, 2006, 312(5777): 1146–1148.

[6] WALTER K M, et al. Methane bubbling from Siberian thaw lakes as a positive feedback to climate warming. Nature, 2006, 443(7107): 71–75.

[7] ZIMOV S A, E A SCHUUR, F S CHAPIN. Climate change. Permafrost and the global carbon budget. Science, 2006, 312(5780): 1612–1613.

[8] GRÜNBERG J M, et al. Mesolithic burials–Rites, symbols and social organisation of early postglacial communities. Tagungen des Landesmuseums für Vorgeschichte Halle (Saale), Germany: International Conference Halle, 2013.

[9] MANNINO M A, et al. Climate-driven environmental changes around 8,200 years ago favoured increases in cetacean strandings and Mediterranean hunter-gatherers exploited them. Sci Rep, 2015, 5: 16288.

[10] BOTIGUE L R, et al. Ancient European dog genomes reveal continuity since the Early Neolithic. Nat Commun, 2017, 8: 16082.

[11] THALMANN O, et al. Complete mitochondrial genomes of ancient canids suggest a European origin of domestic dogs. Science, 2013, 342(6160): 871–874.

[12] ARENDT M, et al. Diet adaptation in dog reflects spread of prehistoric agriculture. Heredity (Edinb), 2016, 117(5): 301–306.

[13] MASCHER M, et al. Genomic analysis of 6,000–year–old cultivated grain illuminates the domestication history of barley. Nat Genet, 2016, 48(9): 1089–1093.

[14] RIEHL S, M ZEIDI, N J CONARD. Emergence of agriculture in the foothills of the Zagros Mountains of Iran. Science, 2013, 341(6141): 65–67.

[15] LARSON G. The Evolution of Animal Domestication. Annual Review of Ecology, Evolution, and Systematics, 2014, 45: 115–136.

[16] GAMBA C, et al. Genome flux and stasis in a five millennium transect of European prehistory. Nat Commun, 2014, 5: 5257.

[17] FELDMAN M, et al. Late Pleistocene human genome suggests a local origin for the first farmers of central Anatolia. bioRxiv, 2018, 422295.

[18] LAZARIDIS I, et al. Genomic insights into the origin of farming in the ancient Near East. Nature, 2016, 536(7617): 419–424.

[19] LAZARIDIS I, et al. Ancient human genomes suggest three ancestral populations for present–day Europeans. Nature, 2014, 513(7518): 409–413.

[20] MATHIESON I, et al. Genome–wide patterns of selection in 230 ancient Eurasians. Nature, 2015, 528(7583): 499–503.

[21] JABLONSKI N G, G CHAPLIN. Colloquium paper: human skin pigmentation as an adaptation to UV radiation. Proc Natl Acad Sci USA, 2010, 107 Suppl 2: 8962–8968.

[22] GAMARRA B, et al. 5000 years of dietary variations of prehistoric farmers in the Great Hungarian Plain. PLoS One, 2018, 13(5): e0197214.

[23] LIEM E B, et al. Increased sensitivity to thermal pain and reduced subcutaneous lidocaine efficacy in redheads. Anesthesiology, 2005, 102(3): 509–514.

[24] RYAN C, et al. Sex at Dawn. The Prehistoric Origins of Modern Sexuality. Harper, 2010.

[25] UTHMEIER T. Bestens angepasst – Jungpaläolithische Jäger und Sammler in Europa. In: Klimagewalten: Treibende Kraft der Evolution. Konrad Theiss, 2017.

[26] BEHRINGER W. Das wechselhafte Klima der letzten 1000 Jahre. In: ebd.

[27] MÜLLER A. Was passiert, wenn es kälter oder wärmer wird? In: ebd.

[28] HALLGREN F, et al. Skulls on stakes and in water. Mesolithic mortuary rituals at Kanaljorden, Motala, Sweden 7000 BP. In: Mesolithische Bestattungen–Riten, Symbole und soziale Organisation fr ü her postglazialer Gemeinschaften. Landesamt f ü r Denkmalpflege und Archäologie Sachsen–Anhalt, 2013.

第四章

[1] BOLLONGINO R, et al. 2000 years of parallel societies in Stone Age Central Europe. Science, 2013. 342(6157): 479–481.

[2] BAJIC V, et al. Genetic structure and sex–biased gene flow in the history of southern African populations. Am J Phys Anthropol, 2018, 167(3): 656–671.

[3] MUMMERT A, et al. Stature and robusticity during the agricultural transition: evidence from the bioarchaeological record. Econ Hum Biol, 2011, 9(3): 284–301.

[4] COHEN M N, G J ARMELAGOS. Paleopathology and the origins of agriculture. Orlando: Academic Press, 1984.

[5] MISCHKA D. Flintbek LA 3, biography of a monument. Journal of Neolithic Archaeology, 2010.

[6] BRANDT G, et al. Ancient DNA reveals key stages in the formation of central European mitochondrial genetic diversity. Science, 2013, 342(6155): 257–261.

[7] HAAK W, et al. Massive migration from the steppe was a source for Indo–European languages in Europe. Nature, 2015, 522(7555): 207–211.

[8] MELLER H. Krieg–eine archäologische Spurensuche. Konrad Theiss, 2015.

[9] MELLER H. 3300 BC. Mysteriöse Steinzeittote und ihre Welt. Nünnerich–Asmus, 2013

[10] MITTNIK A, et al. The genetic prehistory of the Baltic Sea region. Nat Commun, 2018, 9(1): 442.

[11] FUGAZZOLA DELPINO M A, M MINEO, La piroga neolitica del lago di Bracciano, La Marmotta 1. Bullettino di Paletnologia Italiana (Rome), 1995, 86: 197–266.

[12] GREENBLATT C, M SPIGELMAN. Emerging pathogens: archaeology, ecology and evolution of infectious disease. Oxford University Press, 2003.

第五章

[1] PATTERSON N, et al. Ancient admixture in human history. Genetics, 2012, 192(3): 1065–1093.

[2] SKOGLUND P, D REICH. A genomic view of the peopling of the Americas. Curr Opin Genet Dev, 2016, 41: 27–35.

[3] RAGHAVAN M, et al. Upper Palaeolithic Siberian genome reveals dual ancestry of Native Americans. Nature, 2014, 505(7481): 87–91.

[4] ALLENTOFT M E, et al. Population genomics of Bronze Age Eurasia. Nature, 2015, 522(7555): 167–172.

[5] ANTHONY D W. The Horse, the Wheel, and Language: How Bronze–Age Riders from the Eurasian Steppes Shaped the Modern World. Princeton University Press, 2007.

[6] WANG C C, et al. The genetic prehistory of the Greater Caucasus. bioRxiv, 2018, 322–347.

[7] MATHIESON I, et al. The genomic history of southeastern Europe. Nature, 2018, 555(7695): 197–203.

[8] ANDRADES VALTUENA A, et al. The Stone Age Plague and Its Persistence in Eurasia. Curr Biol, 2017, 27(23): 3683–3691.

[9] OLALDE I, et al. The Beaker phenomenon and the genomic transformation of northwest Europe. Nature, 2018, 555(7695): 190–196.

[10] ADLER W. Gustaf Kossinna. in Studien zum Kulturbegriff in der Vor– und Frühgeschichtsforschung, R. Habelt, Editor. 1987: 33–56.

[11] HEYD V. Kossina's smile. Antiquity, 2017, 91(356): 348–359.

[12] KRISTIANSEN K, et al. Re–theorizing mobility and the formation of culture and language among the Corded Ware Cultures in Europe. Antiquity 91: 334–47. Antiquity, 2017. 91: 334–347.

[13] ORLANDO L, et al. Recalibrating Equus evolution using the genome sequence of an early Middle Pleistocene horse. Nature, 2013, 499(7456): 74–78.

[14] GAUNITZ C, et al. Ancient genomes revisit the ancestry of domestic and Przewalski's horses. Science, 2018, 360(6384): 111–114.

[15] GOLDBERG A, et al. Ancient X chromosomes reveal contrasting sex bias in Neolithic and Bronze Age Eurasian migrations. Proc Natl Acad Sci USA, 2017, 114(10): 2657–2662.

[16] MELLER H, A MUHL, K HECKENHAHN. Tatort Eulau: Ein 4500 Jahre altes Verbrechen wird aufgeklärt. Konrad Theiss, 2010.

[17] MELLER H, K MICHEL. Die Himmelsscheibe von Nebra: Der Schlüssel zu einer untergegangenen Kultur im Herzen Europas. Propyläen Verlag, 2018.

[18] SEGUREL L, C BON. On the Evolution of Lactase Persistence in Humans. Annu Rev Genomics Hum Genet, 2017. 18: 297–319.

第六章

[1] HASPELMATH M, M S DRYER, D GIL. The World Atlas of Language Structures. Oxford Linguistics, 2005.

[2] GRAY R D, Q D ATKINSON, S J GREENHILL. Language evolution and human history: what a difference a date makes. Philos Trans R Soc Lond B Biol Sci, 2011, 366(1567): 1090–1100.

[3] RENFREW C. Archaeology and Language: The Puzzle of Indo–European Origins. Cambridge University Press, 1987.

[4] GRAY R D, Q D ATKINSON. Language–tree divergence times support the Anatolian theory of Indo–European origin. Nature, 2003, 426(6965): 435–439.

[5] GIMBUTAS M. Culture Change in Europe at the Start of the Second Millennium B. C. A Contribution to the Indo–European Problem. In: Fifth International Congress of Anthropological and Ethnological Sciences. Philadelphia, 1956.

[6] KONTLER L. Millennium in Central Europe: A History of Hungary. Atlantisz Publishing House, 1999.

[7] NARASIMHAN V, et al. The Genomic Formation of South and Central Asia. bioRxiv, 2018: 292–581.

[8] WANG C C, et al. The genetic prehistory of the Greater Caucasus. bioRxiv, 2018: 322–347.

[9] JONES E R, et al. Upper Palaeolithic genomes reveal deep roots of modern Eurasians. Nat Commun, 2015, 6: 8912.

第七章

[1] FOKKENS H, A HARDING. The Oxford Handbook of the European Bronze Age. 2013: Oxford University Press.

[2] ANTHONY D W. The Horse, the Wheel, and Language: How Bronze–Age Riders from the Eurasian Steppes Shaped the Modern World. Princeton University Press, 2007.

[3] RISCH R. Ein Klimasturz als Ursache für den Zerfall der alten Welt. In: 7. Mitteldeutscher Archäologentag. Halle (Saale), Germany: Landesamt f. Denkmalpflege u. Archäologie Sachsen–Anhalt, 2014.

[4] KNIPPER C, et al. A distinct section of the Early Bronze Age society? Stable isotope investigations of burials in settlement pits and multiple inhumations of the Unetice culture in central Germany. Am J Phys Anthropol, 2016, 159(3): 496–516.

[5] KNIPPEr C, et al. Female exogamy and gene pool diversification at the transition from the Final Neolithic to the Early Bronze Age in central Europe. Proc Natl Acad Sci USA, 2017. 114(38): 10083–10088.

[6] MITTNIK A, et al. Kinship-based social inequality in Bronze Age Europe. Unpublished, 2019.

[7] MARAN J, P Stockhammer. Appropriating Innovations: Entangled Knowledge in Eurasia, 5000–1500 BCE. Oxbow Books, 2017.

[8] HOFMANOVA Z, et al. Early farmers from across Europe directly descended from Neolithic Aegeans. Proc Natl Acad Sci USA, 2016, 113(25): 6886–6891.

[9] MELLER H, M SCHEFZIK, P ETTEL. Krieg–eine archäologische Spurensuche. Theiss, in Wissenschaftliche Buchgesellschaft, 2015.

[10] LIDKE G, T TERBERGER, D JANTZEN. Das bronzezeitliche Schlachtfeld im Tollensetal–Krieg, Fehde oder Elitenkonflikt? In: Krieg – eine archäologische Spurensuche, H. Meller and M. Schefzik, Editors. Theiss, in Wissenschaftliche Buchgesellschaft, 2015.

[11] SCHIFFELS S, et al. Iron Age and Anglo–Saxon genomes from East Englandreveal British migration history. Nat Commun, 2016, 7: 10408.

[12] RISCH R, et al. Vorwort der Herausgeber. In: 2200 BC–Ein Klimasturz als Ursache für den Zerfall der Alten Welt. Landesamt f ü r Denkmalpflege und Archäologie Sachsen–Anhalt, 2015.

[13] WEISS H. Megadrought, collapse, and resilience in late 3rd millenium BC Mesopotamia. In: ebd.

第八章

[1] LITTLE L K. Plague and the end of antiquity: the pandemic of 541– 750. Cambridge University Press, 2007.

[2] BOS K I, et al. Eighteenth century Yersinia pestis genomes reveal the long-term persistence of an historical plague focus. Elife, 2016, 5: e12994.

[3] BOS K I, et al. Parallel detection of ancient pathogens via array-based DNA capture. Philos Trans R Soc Lond B Biol Sci, 2015, 370(1660): 20130375.

[4] BOS K I, et al. A draft genome of Yersinia pestis from victims of the Black Death. Nature, 2011, 478(7370): 506-510.

[5] BOS K I, et al. Yersinia pestis: New Evidence for an Old Infection. PLoS One, 2012, 7(11): e49803.

[6] DU TOIT A. Continued risk of Ebola virus outbreak. Nat Rev Microbiol, 2018, 16(9): 521.

[7] RASMUSSEN S, et al. Early divergent strains of Yersinia pestis in Eurasia 5,000 years ago. Cell, 2015, 163(3): 571-582.

[8] ACHTMAN M, et al. Yersinia pestis, the cause of plague, is a recently emerged clone of Yersinia pseudotuberculosis. Proc Natl Acad Sci USA, 1999, 96(24): 14043-14048.

[9] ALLOCATI N, et al. Bat-man disease transmission: zoonotic pathogens from wildlife reservoirs to human populations. Cell Death Discov, 2016, 2: 16048.

[10] ARMELAGOS G J, K BARNES. The evolution of human disease and the rise of allergy: Epidemiological transitions. Medical Anthropology: Cross Cultural Studies in Health and Illness, 1999, 18(2).

[11] ARMELAGOS G J, A H GOODMAN, K H JACOBS. The origins of agriculture: Population growth during a period of declining health. Population and environment, 1991, 13: 9-22.

[12] OMRAN A R. The epidemiologic transition. A theory of the epidemiology of population change. Milbank Mem Fund Q, 1971, 49(4): 509-538.

[13] GAGE K L, M Y KOSOY. Natural history of plague: perspectives from more than a century of research. Annu Rev Entomol, 2005, 50: 505-528.

[14] BENEDICTOW O J. The Black Death, 1346–1353: The complete history. Boydell & Brewer, 2004

[15] HINNEBUSCH B J, C O JARRETT, D M BLAND. Fleaing the Plague: Adaptations of Yersinia pestis to Its Insect Vector That Lead to Transmission. Annu Rev Microbiol, 2017, 71: 215–232.

[16] HINNEBUSCH B J, D L ERICKSON. Yersinia pestis biofilm in the flea vector and its role in the transmission of plague. Curr Top Microbiol Immunol, 2008, 322: 229–248.

[17] WIECHMANN I, G GRUPE. Detection of Yersinia pestis DNA in two early medieval skeletal finds from Aschheim (Upper Bavaria, 6th century A.D.). Am J Phys Anthropol, 2005, 126(1): 48–55.

[18] VAGENE A J, et al. Salmonella enterica genomes from victims of a major sixteenth–century epidemic in Mexico. Nat Ecol Evol, 2018, 2(3): 520–528.

[19] ANDRADES VALTUENA A, et al. The Stone Age Plague and Its Persistence in Eurasia. Curr Biol, 2017, 27(23): 3683–3691.

[20] RASCOVAN N, et al. Emergence and Spread of Basal Lineages of Yersinia pestis during the Neolithic Decline. Cell, 2018.

[21] HYMES R. Epilogue: A Hypothesis on the East Asian Beginnings of the Yersinia pestis Polytomy. The Medieval Globe, 2016, 1(12).

[22] YERSIN A. Sur la peste bubonique (s é roth é rapie). Ann Inst Pasteur, 1897, 11: 81–93.

[23] BERGDOLT K, ÜBER DIE PEST. Geschichte des Schwarzen Tods. C. H. Beck, 2006.

[24] KELLER M, et al. Ancient Yersinia pestis genomes from across Western Europe reveal early diversification during the First Pandemic (541–750). bioRxiv, 2018: 481226.

[25] WHEELIS M. Biological warfare at the 1346 siege of Caffa. Emerg Infect Dis, 2002, 8(9): 971–975.

[26] SCHULTE–VAN POL K. D–Day 1347: Die Invasion des Schwarzen Todes., in Die Zeit, 1997.

[27] BUNTGEN U, et al. Digitizing historical plague. Clin Infect Dis, 2012, 55(11): 1586–1588.

[28] SPYROU M A, et al. Historical Y. pestis Genomes Reveal the European Black Death as the Source of Ancient and Modern Plague Pandemics. Cell Host Microbe, 2016, 19(6): 874–881.

[29] SPYROU M A, et al. A phylogeography of the second plague pandemic revealed through the analysis of historical Y. pestis genomes. bioRxiv, 481242.

第九章

[1] World Health Organization. Wkly Epidemiol Rec, 2011, 86(389).

[2] BRODY S N. The Disease of the Soul: Leprosy in Medieval Literature. Ithaca: Cornell Press, 1974.

[3] COLE S T, et al. Massive gene decay in the leprosy bacillus. Nature, 2001, 409(6823): 1007–1011.

[4] The Mycobacterial Cell Envelope, M. Daff é and J.–M. Reyrat, Editors. Washington, DC: ASM Press, 2008.

[5] World Health Organization, Fact Sheet Leprosy, 2015.

[6] ROBBINS G, et al. Ancient skeletal evidence for leprosy in India (2000 B.C.). PLoS One, 2009, 4(5): e5669.

[7] SCHUENEMANN V J, et al. Ancient genomes reveal a high diversity of Mycobacterium leprae in medieval Europe. PLoS Pathog, 2018, 14(5): e1006997.

[8] SCHUENEMANN V J, et al. Genome–wide comparison of medieval and modern Mycobacterium leprae. Science, 2013, 341(6142): 179–183.

[9] TRUMAN R W, et al. Probable zoonotic leprosy in the southern United States. N Engl J Med, 2011, 364(17): 1626–1633.

[10] SINGH P, et al. Insight into the evolution and origin of leprosy bacilli from the genome sequence of Mycobacterium lepromatosis. Proc Natl Acad Sci USA, 2015, 112(14): 4459–4464.

[11] AVANZI C, et al. Red squirrels in the British Isles are infected with leprosy bacilli. Science, 2016, 354(6313): 744–747.

[12] IRGENS L M. The discovery of the leprosy bacillus. Tidsskr Nor Laegeforen, 2002, 122(7): 708–709.

[13] CAO A, et al. Thalassaemia types and their incidence in Sardinia. J Med Genet, 1978, 15(6): 443–447.

[14] WAMBUA S, et al. The effect of α +–thalassaemia on the incidence of malaria and other diseases in children living on the coast of Kenya. PLoS Med, 2006, 3(5): e158.

[15] LUZZATTO L. Sickle cell anaemia and malaria. Mediterr J Hematol Infect Dis, 2012, 4(1): e2012065.

[16] O'BRIEN S J, J P MOORE. The effect of genetic variation in chemokines and their receptors on HIV transmission and progression to Aids. Immunol Rev, 2000, 177: 99–111.

[17] WIRTH T, et al. Origin, spread and demography of the Mycobacterium tuberculosis complex. PLoS Pathog, 2008, 4(9): e1000160.

[18] World Health Organization, Tuberculosis (TB), 2018.

[19] BROSCH R, et al. A new evolutionary scenario for the Mycobacterium tuberculosis complex. Proc Natl Acad Sci USA, 2002, 99(6): 3684–3689.

[20] COMAS I, et al. Out-of–Africa migration and Neolithic coexpansion of Mycobacterium tuberculosis with modern humans. Nat Genet, 2013, 45(10): 1176–1182.

[21] BOS K I, et al. Pre–Columbian mycobacterial genomes reveal seals as a source of New World human tuberculosis. Nature, 2014, 514(7523): 494–497.

[22] VAGENE A J, et al. Salmonella enterica genomes from victims of a major sixteenth–century epidemic in Mexico. Nat Ecol Evol, 2018, 2(3): 520–528.

[23] DOBYNS H F. Disease transfer at contact. Annu. Rev. Anthropol, 1993. 22: P. 273–291.

[24] FARHI D, N DUPIN, Origins of syphilis and management in the immunocompetent patient: facts and controversies. Clin Dermatol, 2010. 28(5): 533–538.

[25] CROSBY A W. The Columbian exchange: biological and cultural consequences of 1492. New York: Praeger, 2003.

[26] DIAMOND J G. Germs and Steel. New York: W. W. Norton, 1997.

[27] WINAU R. Seuchen und Plagen: Seit Armors Köcher vergiftete Pfeile f ü hrt. Fundiert, 2002, 1.

[28] SCHUENEMANN V J, et al. Historic Treponema pallidum genomes from Colonial Mexico retrieved from archaeological remains. PLoS Negl Trop Dis, 2018, 12(6): e0006447.

[29] KNAUF S, et al. Nonhuman primates across sub–Saharan Africa are infected with the yaws bacterium Treponema pallidum subsp. pertenue. Emerg Microbes Infect, 2018, 7(1): 157.

[30] TAUBENBERGER J K, D M MORENS. 1918 Influenza: the mother of all pandemics. Emerg Infect Dis, 2006, 12(1): 15–22.

[31] GYGLI S M, et al. Antimicrobial resistance in Mycobacterium tuberculosis: mechanistic and evolutionary perspectives. FEMS Microbiol Rev, 2017, 41(3): 354–373.

[32] FINDLATER A, BOGOCH I I. Human Mobility and the Global Spread of Infectious Diseases: A Focus on Air Travel. Trends Parasitol, 2018, 34(9): 772–783.

结　局

[1] FINDLATER A, BOGOCH I I. Human Mobility and the Global Spread of Infectious Diseases: A Focus on Air Travel. Trends Parasitol, 2018. 34(9): 772–783.

[2] KLEIN L. Gustaf Kossinna:1858—1931, in Encyclopedia of Archaeology: The Great Archaeologists, T. Murray, Editor. 1999, ABC–CLIO: 233–246.

[3] KOSSINNA G. Die Herkunft der Germanen. Zur Methode der Siedlungsarchäologie. W ü rzburg Kabitzsch, 1911.

[4] GRÜNERT H. Gustaf Kossinna Ein Wegbereiter der nationalsozialistischen Ideologie, in Prähistorie und Nationalsozialismus: Die mittel−und osteuropäische Ur−und Fr ü hgeschichtsforschung in den Jahren 1933—1945. A. Leube, Editor Synchron Wissenschaftsverlag der Autoren: Heidelberg, 2002.

[5] EGGERS H J. Einf ü hrung in die Vorgeschichte. M ü nchen: Piper, 1959.

[6] EGGERT M K H. Archäologie Grundz ü ge einer historischen Kulturwissenschaft. T ü bingen: A. Francke, 2006.

[7] SCHULZ M. Neolithic Immigration: How Middle Eastern Milk Drinkers Conquered Europe. in Spiegel Online, 2010.

[8] MARTIN A R, et al. An Unexpectedly Complex Architecture for Skin Pigmentation in Africans. Cell, 2017, 171(6): 1340−1353.

[9] JINEK M, et al.A programmable dual−RNA−guided DNA endonuclease in adaptive bacterial immunity. Science, 2012, 337(6096): 816−821.

[10] WADE N. Researchers Say Intelligence and Diseases May Be Linked in Ashkenazic Genes. New York Times, 2005.

[11] GAULAND A. Warum muss es Populismus sein? Frankfurter Allgemeine Zeitung, 2018.

[12] ROSLING H. Factfulness: Wie wir lernen, die Welt so zu sehen, wie sie wirklich ist. Ullstein, 2018.

[13] AHRENDT H. Elemente und Urspr ü nge totaler Herrschaft: Antisemitismus. Imperialismus. Totale Herrschaft. Piper, 1955.

[14] SEIBEL A, et al. Mögen Sie keine T ü rken, Herr Sarrazin? Welt am Sonntag, 2010.

[15] HUNTGRUBBS C. The elementary DNA of Dr Watson. The Sunday Times, 2007.